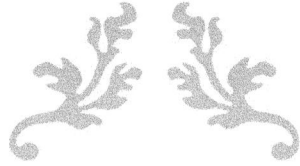

Basic Hindi 2 Workbook

Sonia Taneja

मूल हिंदी 2   कार्यपुस्तिका

सोनिया तनेजा

Setu Publications, Pittsburgh USA

Basic Hindi 2 Workbook

By

Sonia Taneja

Setu Publications
* Pittsburgh, PA (USA) *

We would be pleased to receive email correspondence regarding this publication or related topics at setuedit@gmail.com.

ISBN-13 (paperback): 978-1-947403-01-7

Printed and bound in the United States of America.

Distributed to the book trade worldwide by Setu Publications, Pittsburgh (USA)

Although every precaution has been taken in the preparation of this work, neither the author nor the publisher shall have any liability to any person or entity with respect to any loss or damage caused or alleged to be caused directly or indirectly by the information contained in this work.

Setu Publications, Pittsburgh USA

मेरे पिता (श्री रविन्द्र कुमार शर्मा) को उनके जन्मदिन पर समर्पितः

जिन्होंने परिवार के अग्रणी के रूप में अमरीका में पहला कदम रखा और पीढ़ियों के लिए एक नया भविष्य रचा।

जिन्होंने अमरीका के अनेक राज्यों में घुमाया।

एक संगीत प्रेमी, जो धुन, लय व वाद्य की गहरी सराहना करने और उसका भरपूर आनन्द उठाने में समर्थ हैं।

एक भावुक व उदार आत्मा जो आवश्यकता से अधिक देती है।

Table of Contents

INTRODUCTION

Basic Hindi 2 Workbook is the second textbook by the author, designed as a continuation of the first book, *Practice Makes Perfect: Basic Hindi* (2012). Learners who do not have a prior background in Hindi are encouraged to read through the first book before beginning with *Basic Hindi 2 Workbook*. This textbook is designed to develop learners' Hindi knowledge and skills further to the Intermediate level.

With eleven chapters, the sequence starts with a review of certain essential concepts, such as the oblique case with postpositions, and continues to make the perfect tense, participles, subjunctive, and various uses of को across Hindi easy and accessible to the new learner. This is followed by chapters on auxiliary verbs सकना, पाना, चुकना, iterative, passive, basic conjunctions and relative clauses. The last chapter is on compound verbs to increase native-level facility with the language.

The workbook is user-friendly with a variety of features—Section 1 of each chapter includes bite-size explanations of grammatical concepts with examples, followed by practice exercises. Section 2 includes real-life applications of grammatical concepts with examples of their usage in the day-to-day culture, reading comprehension, sample responses to speaking and writing prompts, listening practice with a Bollywood song where learners can fill in the missing lyrics while listening, finishing the chapter with a space to create a list of new vocabulary words learned through the chapter.

In addition, Appendix 1 contains three comprehensive tense practice worksheets to strengthen the grasp on the major tenses used in all levels of Hindi. Appendix 2 has a personalized map of kinship terms as an aid to remembering the different names in Hindi relationships, an integral part of the culture. Appendix 3 includes questionnaires on three Bollywood films that students can watch and discuss to practice their listening and speaking skills further. Finally, Appendix 4 lists numbers 1-100 that are helpful for review and mastery as learners move through the Intermediate level.

Wishing you the best on your Hindi journey!

Chapter 1: THE OBLIQUE CASE: SINGULAR & PLURAL

Section 1

Below is a summary of simple postpositions that you have already encountered in the first book, *Practice Makes Perfect: Basic Hindi* (2012):

- में: in, into
- पर: on, upon, sometimes at (ex: with home, beach, etc.). Colloquially, some speakers use पे instead.
- को: to, sometimes on (ex: with the days of the week or dates)
- से: with, by
- में से: among
- का, की, के: of or 's
- तक: until, till, up to
- ने: an agentive postposition used only in the perfect tense (this postposition is discussed extensively in Chapter 2: The Perfect Tense).

Whenever a postposition is directly used with a pronoun (ex: मैं), noun (ex: आदमी), adjective (ex: अच्छा) or possessive (मेरा), their oblique case must be used.

The oblique case of pronouns

The oblique case of pronouns is used with all postpositions:

मैं -- मुझ

तू -- तुझ

तुम, आप, हम remains the same

यह – इस, वह -- उस

ये – इन, वे – उन

उदाहरण:

यह मकान उस मकान से बेहतर है।	This house is better than that house.
इन में से कौन जाना चाहता है?	Among these, who wants to leave?
मुझ पर पूरा विश्वास कीजिए।	Please have complete faith in (on) me.
उस शिक्षक का क्या नाम है?	What is the name of that teacher?
तुझ तक वह नहीं पहुँच सकेगा।	He will not be able to reach you.

अभ्यास

ठीक या ग़लत?

अब सब कुछ तुझ पर निर्भर (dependent) है।	ठीक/ग़लत
क्या वह वह से प्यार करती है?	ठीक/ग़लत
आप में से कौन तैयार है?	ठीक/ग़लत
मुझ तक यह बात पहुँच जाएगी।	ठीक/ग़लत
वे की साड़ी ज़्यादा सुन्दर है।	ठीक/ग़लत

अनुवाद कीजिए:

1. They want to meet his family.

_____

2. Among these, this is the best.

_____

3. How can I reach you (informal)?

_____

4. What is special in those?

_____

5. Please trust (upon) us.

_____

There is a shortened oblique form available with the postposition को:

मुझको-- मुझे

तुझको --तुझे

आपको

हमको --हमें

इसको -- इसे

उसको -- उसे

इनको -- इन्हें

उनको -- उन्हें

It is used with many verbs that take को:

को चाहिए: is needed by, ought to, should

को अच्छा लगना/पसंद होना: to find pleasing (like)

को पता, मालूम होना: to know

को दिखाना: to show

को बुलाना: to call over, invite

को बताना: to tell

More verbs with को are discussed in Chapter 5: Different Use of को.

उदाहरणः

आपको अच्छा छात्र बनना चाहिए।	You ought to (should) be a good student.
मुझे पढ़ना अच्छा लगता है।	I like to read.
क्या तुम को उस का नाम पता है?	Do you know his/her name?
उनको अपनी किताब दिखाइए।	Show them your book.
इस को इन का फ़ोन नम्बर बताइए।	Tell him/her their phone number.
वे तुझ को ज़रूर बुलाएंगे।	They will certainly call you (over).

अभ्यास

ठीक या गलत?

क्या इसे दिल्ली पसंद है?   ठीक/गलत

मुझे कल बुखार था।   ठीक/गलत

उन को कम खाना चाहिए।   ठीक/गलत

वह तुझे चाहता है।   ठीक/गलत

इन्हें हिंदी आती है।   ठीक/गलत

अनुवाद कीजिए:

1. I like to learn Hindi.

_____

2. They will show me the temple tomorrow.

_____

3. Will you tell your parents?

_____

4. We need to work hard (मेहनत f. करना).

_____

5. Did the children have a fever yesterday?

_____

The oblique case of possessives

The pronouns have three possessive forms--masculine singular, feminine and masculine plural. The feminine singular and plural are the same. As a reminder, the possessive forms refer to the number and gender of what is being owned, rather than the owner.

With a postposition, masculine singular possessives are changed into the masculine plural (the oblique form). As the feminine singular and plural possessives are the same, they remain the same. The oblique case of the possessives is highlighted below.

My/mine: मेरा (m. s.), **मेरी (f.), मेरे (m.pl.)**

Your (informal): तू: तेरा (m. s.), **तेरी (f.), तेरे (m. pl.)**

Your (informal): तुम्हारा (m. s.), **तुम्हारी (f.), तुम्हारे (m. pl.)**

Your (formal): आपका (m. s.), **आपकी (f.), आपके (m. pl.)**

Our: हमारा (m. s.), **हमारी (f.), हमारे (m. pl.)**

His/Her/Its: इसका (m. s.), **इसकी (f.), इसके (m. pl.)**

His/Her/Its: उसका (m. s.), **उसकी (f.), उसके (m. pl.)**

Theirs: इनका (m. s.), **इनकी (f.), इनके (m. pl.)**

Theirs: उनका (m. s.), **उनकी (f.), उनके (m. pl.)**

उदाहरण:

तुम्हारे भाई को	To your brother
इसकी दीवार तक	Till his/her wall
तेरी सास ने	Your mother-in-law (with a perfect verb)
उनके घर पर	At their house
इनके सामान में से	From their luggage

ख़ाली जगह भरिएः

1. _____ (my) दरवाज़े पर एक तस्वीर है।

2. _____ (your, informal) बात पर वह हँस पड़ी।

3. _____ (their) ज़माने में ऐसा नहीं होता था।

4. _____ (his/her) मिठाई सबसे बढ़िया है।

5. _____ (their) राय लेनी ज़रूरी है।

अनुवाद कीजिए:

1. There are many things in my bag.

_____

2. In your (informal) opinion, which saree is better?

_____

3. Bring that till their garden.

_____

4. His sister helps me.

_____

5. Their phone is ringing (बजना: to ring).

_____

Compound postpositions

Most compound postpositions begin with के or की. Below is a review of the most commonly used compound postpositions:

1. से, के पहले: before

2. के बाद: after

3. के लिए: for

4. के ऊपर: above, on top of

5. के नीचे: below, underneath

6. के बीच में: in the middle of

7. के बारे में: about

8. की तरफ़: toward

9. के सामने: facing

10. के पीछे: behind

11. के आगे: in front of

12. के अंदर: in, inside

13. के बाहर: out, outside

14. के पास, नज़दीक: near

15. के पार: across

16. के किनारे पर: at the edge of

17. की बगल में: adjacent to

18. के इर्दगिर्द/चारों ओर: all around, on all four sides

19. के आसपास: around, nearby, in the neighborhood of

20. से दूर: far from

21. के साथ: with

22. के बिना: without

23. के कारण, की वजह से: because of

24. के अलावा, अतिरिक्त: aside from

25. की तुलना में/के मुकाबले में: in comparison, compared to

26. के दौरान: during

27. के सिवा: except

28. के बजाय: instead of

29. के मारे: owing to, out of

These also require the use of the oblique case. With the postpositions beginning with के, के can simply be added to आप, उस, उन, इस, इन, but other possessives change to मेरे, तेरे, तुम्हारे and हमारे. Similarly, की can be simply added to आप, उस, उन, इस, and इन, but other possessives change to मेरी, तेरी, तुम्हारी, हमारी.

<u>उदाहरण</u>:

मेरे लिए	For me
तेरी तरफ़	Toward you
तुम्हारे पास	Near you
हमारे ऊपर	On us
मेरे बजाय	Instead of me

अभ्यास

ख़ाली जगह भरिएः

1. आप _____ (about me) कुछ पूछ रहे थे?

2. _____ (between us) बहुत गहरी मित्रता है।

3. _____ (adjacent to you, informal) कौन बैठता है?

4. कुछ दिन आप _____ (near us) रहें।

5. मुझे लगता है कि _____ (with you, informal) मेरे लिए सब संभव है।

अनुवाद कीजिए:

1. Are you saying that you are successful (सफल) because of me?

_____

2. Aside from us, who lives in this building?

_____

3. Now everything is in front of you.

_____

4. Compared to him, they are strong.

_____

5. Instead of that, do this.

_____

एक कदम स्वच्छता की ओर

आइए, भारत को स्वच्छ रखें
HELP INDIA STAY CLEAN

<u>**वाक्य में इस्तेमाल कीजिएः**</u>

की ओर, के आसपास, के अंदर, के अलावा, के अतिरिक्त

_____

_____

_____

_____

_____

The oblique case of nouns

Nouns that are masculine and end with a consonant such as पहाड़ or मकान do not change in the singular oblique form when the postposition is used: पहाड़ पर, मकान में.

However, they change with an -ओं ending in the plural oblique form: पहाड़ों पर, मकानों में.

Nouns that are masculine and end with आ such as पकौड़ा or समोसा change in the singular oblique with an ए की मात्रा: पकौड़े को, समोसे के साथ

These also change with an -ओं ending in the plural oblique form: पकौड़ों को, समोसों के साथ

Some nouns that are masculine and end with आ such as अभिनेता or पिता do not change in the singular oblique: अभिनेता से, पिता के साथ

These also change with an -ओं ending in the plural oblique form: अभिनेताओं से, पिताओं के साथ

Nouns that are masculine and end with other vowels such as भाई or दर्ज़ी do not change in the singular oblique: भाई से, दर्ज़ी को

These also change with an - यों ending in the plural oblique form by shortening the vowel: भाइयों से, दर्ज़ियों को

Nouns that are feminine, such as बहन, औरत do not change in the singular oblique: बहन के अलावा, औरत के लिए

These also change with an -ओं ending in the plural oblique form, though how the ending is placed differs based on the how the noun ends: बहनों के अलावा, औरतों के लिए

दूसरे उदाहरण:

माताओं से
गायिकाओं को
दरियों पर
चाबियों के साथ

ख़ाली जगह भरिएः

1. _____ (rivers: नदियाँ f. pl.) का पानी समुद्र में जा मिलता है।

2. सब्ज़ी के लिए _____ (spice: मसाला m. s.) को भून लीजिए।

3. _____ (India: भारत, हिन्दुस्तान m. s.) के बारे में आप क्या-क्या जानते हैं?

4. कई लोग _____ (public: जनता f. s.) के सामने बोलने से झिझकते (hesitate) हैं।

5. आप के _____ (garden/yard: बगीचा m. s.) के चारों ओर क्या है?

अनुवाद कीजिए

1. Put some salt on those watermelons (ख़रबूजे m.pl.).

___

2. We are sitting under the trees (पेड़ m. s./pl.) in the garden.

___

3. I will not go without my family.

___

4. How many idols (मूर्तियाँ f.pl.) are in that temple?

___

5. Reema's sister works in this building (इमारत f. s.).

___

The oblique case of adjectives

Similar to nouns, the oblique case of adjectives is used with a postposition. The adjectives that end with consonant such as चुस्त or with a ई such as असली stay the same. Only the adjectives that end in आ such as ऊँचा change to their oblique form (that looks like their plural form): ऊँचे.

उदाहरण:

उस लाल पत्थर पर — On that red stone

इस मीठी खीर में	In this sweet rice pudding
उन ऊनी कंबलों के पास	Near those woolen blankets
इन बेकार बातों के अलावा	Aside from these useless conversations
शिक्षित लोगों की तुलना में	In comparison to educated people

ख़ाली जगह भरिएः

1. इस _____ (fresh) खाने के साथ दही भी है।

2. उन _____ (white) बादलों के पीछे सूरज छिपा है।

3. हमारे _____ (fearless) बच्चे को इनाम मिला।

4. इन _____ (long) छुट्टियों के दौरान तुम कहाँ जाओगी?

5. शेर इन _____ (dense) जंगलों से दूर निकल गया।

अनुवाद कीजिए:

1. There are beautiful flowers in front of our house.

_____

2. Stanford University is famous because of its students and teachers.

_____

3. That pharmacy is adjacent to the hospital.

_____

4. Real (असली) and artificial (नकली) stuff is sold in this shop.

_____

5. This riddle (पहेली f. s.) is easy for me.

_____

Section 2

Below are some examples of real-life applications of the oblique case we learned in this chapter to further practice culture, reading, speaking and listening skills.

Culture संस्कृति

The Taste Adjectives: As we learned in this chapter, all pronouns, possessives, nouns, and adjectives change when a postposition is used. Adjectives can include colors or other descriptive qualities that are covered in *Practice Makes Perfect: Basic Hindi* (2012). However, the Hindi speaking world has a whole spectrum of adjectives when it comes to the taste of food as food is an integral part of culture and relationships. Below are some commonly used adjectives to describe taste:

Tasty: स्वादिष्ट, स्वाद, लज़ीज़, Tasteless: बेस्वाद, बेकार, फ़ीका (bland)

Sweet: मीठा, Salty: नमकीन

Sweet: मीठा, Bitter: कड़वा

Sweet: मीठा, Sour or tangy: खट्टा

Sweet and sour: खट्टा-मीठा

Fresh: ताज़ा, Stale: बासी

Hard in texture: सख्त, Soft in texture: नर्म

Piping hot: गर्मागर्म, Ice cold: ठंडाठार

Finger-licking good: उँगलियाँ चाटने वाला

Zesty: चटपटा

Spicy: मसालेदार

These taste adjectives can be used with the verb (को) लगनाः मुझे हलवा मीठा लगता है।

Reading Practice पढ़ने का अभ्यास

विषय: एक स्मारक का विवरण (description of a monument)

Rich descriptions have oblique cases of pronouns, nouns, possessives, and adjectives all together. Below is a description of a monument: Hoover Tower at Stanford University.

हूवर टावर स्टैनफ़र्ड विश्वविद्यालय में स्थित एक स्मारक है। यह लगभग 200 फ़ीट से भी लम्बा है। इमारत का रंग हल्का पीला और लाल है। सबसे ऊपर एक गुम्बद है। इसके ईर्दगिर्द सब हराभरा है। इसमें 12 मंज़िलें हैं और घंटियों वाला एक वादन है। यह वादन बैल्जियम देश की भेंट है। हूवर टावर में पुस्तकालय और शोध करने की जगह भी हैं। लोग इसे देखने के लिए दुनियाभर से आते हैं।

Writing Practice लिखने का अभ्यास

विषय: एक स्मारक का विवरण लिखें

____

____

____

मानसरोवर
प्रेमचन्द
अनुराग शर्मा
पतझड़ सावन वसंत बहार
अभय तिवारी
आचार्य चतुरसेन की श्रेष्ठ कहानियाँ
MAHANAGAR

Speaking Practice बोलने का अभ्यास

विषयः आपके मित्र/दोस्त, आपकी सहेली का कमरा

आपके दोस्त का कमरा कैसा दिखता है? उस कमरे में क्या चीजें हैं?

Use the oblique case while responding to this prompt. Below is an example:

मेरी सहेली का कमरा काफ़ी खुला और बड़ा है। चारों दीवारों पर हल्का नीला रंग है और उसके परिवार की तस्वीरें लगी हैं। एक चौड़ी खिड़की है। खिड़की पर रेशमी पर्दे हैं। उसकी बगल में गुसलखाना है। उसके कमरे में एक किताबों की अलमारी है और एक कपड़ों के लिए। कपड़ों की अलमारी में रंग बिरंगे कपड़े हैं। किताबों की अलमारी में स्कूल की किताबें व कुछ काग़ज़ हैं। एक मेज़ भी है। उसके ऊपर कम्प्यूटर और फ़ोन रखा है। फ़र्श पर एक सुन्दर कालीन बिछा है। लकड़ी के दरवाज़े का रंग सफ़ेद है।

विषयः किसी एनिमेटेड चरित्र (animated character) के बारे में बताइए

बग्ज़ बनी

बग्ज़ बनी एक चुस्त और चालाक खरगोश है। वह सलेटी और सफ़ेद है। उसके मुँह में एक गाजर होती है। वह बच्चों के कार्यक्रमों में होता है। वह हमेशा कहता हैः "Eh... What's up, doc?" उसका उच्चारण Brooklyn का है। वह कुछ लोगों का उल्लू बनाता है और दर्शकों को हँसाता है।

Listening Practice सुनने का अभ्यास

It is safe to say that all Bollywood songs use the oblique case. Below are the lyrics of a song that has the oblique case. The new vocabulary has been embedded in the lyrics. Fill in the blanks with the missing lyrics while listening to this song:

"तुझ में रब दिखता है"

फ़िल्म: रब ने बना दी जोड़ी (2008)

तू ही तो जन्नत (heaven) _____, तू ही मेरा जूनून (passion)

तू ही तो मन्नत (prayer) मेरी, तू ही रूह का सुकून (solace of the soul)

तू ही अंखियों की ठंडक (the cool), तू ही दिल की है दस्तक (a knock)

और कुछ ना जानूँ मैं, बस इतना ही जानूँ

तुझमें रब (God) दिखता है, यारा मैं क्या करूँ (2)

सजदे सर झुकता (head bows in respect) है, यारा मैं क्या करूँ

_____ रब दिखता है, यारा मैं क्या करूँ

कैसी है ये दूरी (distance), कैसी मजबूरी

मैंने नज़रों (eyes) से तुझे छू लिया हो हो हो

कभी _____ खुशबू (fragrance), कभी तेरी बातें

बिन मांगे ये जहाँ पा लिया (got a paradise without asking)

तू ही दिल की है रौनक (joy of my heart), तू ही जन्मों की दौलत (wealth of all the births)

और कुछ ना जानूँ, बस इतना ही जानूँ

तुझमें रब दिखता है, यारा मैं क्या करूँ (2)

सजदे (bowing in reverence) सर झुकता है, यारा मैं क्या करूँ

वसदी वसदी वसदी, दिल दी दिल विच वसदी

नसदी नसदी नसदी, दिल रो वे ते नसदी

रब ने बना दी जोड़ी हाय...

वसदी वसदी वसदी, दिल दी दिल विच वसदी

नसदी नसदी नसदी दिल रो वे ते नसदी

छम छम (jingle of the ankle bells in this case) आये, _____ तरसाए (makes me long)

तेरा साया (shadow) छेड़ के चूमता हो हो हो

तू जो मुस्काए (smile), तू जो शरमाये (shy)

जैसे मेरा है ख़ुदा झूमता (to move in joy)

तू _____ है बरकत (prosperity), तू ही मेरी इबादत (prayer)

और कुछ ना जानूँ, बस इतना ही जानूँ

तुझमें रब दिखता है, यारा मैं क्या करूँ (2)

सजदे सर झुकता है, यारा मैं क्या करूँ

वसदी वसदी वसदी, दिल दी दिल विच वसदी

नसदी नसदी नसदी, दिल रो वे ते नसदी

रब ने बना दी जोड़ी.. हाय...

You can also hear other examples of Bollywood songs that use the oblique case:

1. "तेरे बिना" फ़िल्मः गुरू (2007)

2. "तू मेरे सामने" फ़िल्मः डर (1993)

3. "मुझे नींद ना आए" फ़िल्मः दिल (1990)

<u>शब्दार्थ:</u>

इस अध्याय में आपके द्वारा सीखे गए नए शब्दों की सूची बनाएँ:

_____

_____

_____

_____

_____

_____

Chapter 2: THE PERFECT TENSE: TRANSITIVE, INTRANSITIVE AND CAUSATIVE VERBS
Section 1

The perfect tense in Hindi is one of the most important time frames because it is used to narrate all past events, stories, biographies etc. There are three main types of perfect tenses in Hindi. Below is an example in English with the verb "to write:"

Perfect: I wrote.

Present Perfect: I have written.

Past Perfect: I had written.

All verbs used in the perfect, present perfect and past perfect tenses are classified as either transitive or intransitive. This simply means that speakers need to determine whether to use the postposition ने. If a verb is transitive, postposition ने is used and if a verb is intransitive, then the postposition ने is not used.

Transitive Verbs

Transitive verbs are verbs in which a direct object is necessary to complete the action. Below are examples of some commonly used transitive verbs:

खाना, पीना, लेना, देना, all verbs with करना (ex: साफ़ करना), सोचना, देखना, सुनना, छूना, चखना, ख़रीदना, बेचना, लिखना, पढ़ना, बनाना, पकाना

Though there are some exceptions to this rule that are discussed later in this chapter, one easy way to think about the role of the direct object in Hindi is that it is that "something" needed for the action to complete. For example, if the verb is खाना, then one needs food to complete the action, if the verb is पीना, then one needs something to drink to complete the action, if the verb is लेना, then one needs to take something to complete the action, and so on. These verbs are transitive whether the direct object is implied (not stated) or clearly stated in the sentence.

Summary of Transitive Verbs:

- Always need the postposition ने to indicate the subject
- Always change with the gender and number of the direct object, whether it is implied or clearly stated

The reference chart below shows the pronouns with ने and examples of perfect tense conjugations with the number and gender of the direct object:

	Pronouns with ने	खाना	पीना	लेना	देना	करना
Direct object is singular	मैंने, तुमने, तूने आपने, हमने, उसने, इसने इन्होंने, उन्होंने, किसने, किसी ने, किन्होंने	Masc.: खाया Fem: खाई	M: पिया F: पी	M: लिया F: ली	M: दिया F: दी	M: किया F: की
Direct object is plural	मैंने, तुमने, तूने आपने, हमने, उसने, इसने इन्होंने, उन्होंने, किसने, किसी ने, किन्होंने	M: खाए F: खाईं	M: पिए F: पीं	M: लिए F: लीं	M: दिए F: दीं	M: किए F: कीं

Transitive verbs are transitive whether the direct object is clearly mentioned or not. Here are examples with both the stated and unstated direct objects. When the direct object is not stated, the masculine singular form is used.

उदाहरणः

खानाः मैंने खाना खाया। (direct object खाना stated) उसने शाम को खाया। (direct object unstated, therefore masculine singular form खाया is used)

पीनाः हमने चाय पी। We drank tea. आपने क्या पिया? What did you drink?

सोचनाः इन्होंने ये सोचा। They thought this. लोगों ने सोचा। People thought.

देखनाः उसने टी.वी. देखा। S/he watched T.V. तूने क्या देखा? What did you see?

सुननाः मैंने कहानी नहीं सुनी। I did not hear the story. तुमने सुना? Did you hear?

अभ्यासः

ख़ाली जगह भरिएः

1. उन्होंने दावत में तरह-तरह के पकवान __________ (चखना: to taste)।

2. इस बात पर आपने क्या _____________ (महसूस करना: to feel)।

3. कुछ दिन पहले मैंने आप से यह साड़ी _____________ (ख़रीदना)।

4. मैंने आप को पुरस्कार (prize) _____________ (देना)।

5. उसने अपनी बहन से एक लहँगा _______________ (लेना)।

ठीक उत्तर चुनिए:

1. इसने अपना पुराना मकान नहीं बेचा/बेचे/बेची।
2. कुछ साल पहले मैंने किताब लिखा/लिखे/लिखी।
3. सम्मेलन (conference) में उन्होंने कविता पढ़ी/पढ़ा/पढ़े।
4. शीला ने रात को सबके लिए खाना बनाया/बनाए/बनाई।
5. आज मैंने कुछ नहीं पकाया/पकाई/पकाए।

अनुवाद कीजिए:

1. Yesterday I cleaned my entire room.

____

2. Every day she waters (को पानी देना) the flowers and plants (पौधा m.).

____

3. He saw a play (नाटक) with his friends.

_____

4. They prepared for the exam.

_____

5. Who stole (चुराना) my bicycle?

_____

Intransitive Verbs

Intransitive verbs change with the number and gender of the subject and there is no direct object required. Below are examples of some commonly used intransitive verbs:

All verbs with होना, आना, जाना, पहुँचना, मिलना, लाना, रोना, हँसना, मुस्कुराना, सोना, उठना, जागना, बैठना, खड़ा होना, ठहरना

Though there are some notable exceptions discussed below (for example, मिलना, लाना), one easy way to think about intransitive verbs that one does not need one external object to complete the action. Being, coming, going, reaching etc. do not require one direct object.

Summary of Intransitive Verbs:

- Do not need the postposition ने

- Change with the gender and number of the subject

The reference chart below shows examples of perfect tense conjugations with intransitive verbs:

		आना	जाना	रोना	हँसना	उठना
Subject is singular	मैं, तू, यह, वह, कौन, कोई	M: आया F: आई	M: गया F: गई	M: रोया F: रोई	M: हँसा F: हँसी	M: उठा F: उठी
Subject is plural	आप, हम, तुम, ये, वे	M: आए F: आईं	M: गए F: गईं	M: रोए F: रोईं	M: हँसे F: हँसीं	M: उठे F: उठीं

अभ्यासः

ख़ाली जगह भरिएः

1. आज हमारे घर पर मेहमान _____ (आना)।

2. आप पुस्तकालय से वह नयी किताब _____ (लाना)?

3. बहुत ढूँढने पर भी इसे अपनी चाबी नहीं _____ (मिलना)।

4. दिनभर बच्चा कभी _____ (हँसना) कभी _____ (रोना)।

5. परसों सुबह वे आधी रात तक _____(जागना)।

ठीक उत्तर चुनिए:

1. कल रात काम के कारण वे देर से घर पहुँचा/पहुँचे/पहुँची/पहुँचीं।

2. माँ बाज़ार से ताज़ी सब्ज़ियाँ और नान लाया/लाये/लाई/लाईं।

3. पैरिस में हम एक बड़े होटल में ठहरा/ठहरे/ठहरी/ठहरीं।

4. आप इस बात पर मुस्कुराया/मुस्कुराए/मुस्कुरायी/मुस्कुराईं।

5. इस को क्या महसूस हुआ/हुए/हुई/हुईं मुझे नहीं मालूम।

अनुवाद कीजिए:

1. After the university, I met my best friend now.

____

2. The children got up after resting and smiled.

____

3. We stayed at my brother's house.

____

4. They brought some Bengali sweets for the birthday.

____

5. At this, he laughed first and then I laughed too!

____

<u>Notable exceptions:</u>

There is a small number of verbs in Hindi that can be both transitive and intransitive and it is correct to use either version. Here are some examples: खेलना (to play), बोलना (to speak), बदलना (to change), लड़ना (to fight), and समझना (to understand).

There is also a small number of transitive verbs that do not need ने. Examples include: से डरना (to fear), भूलना (to forget), लाना (to bring), से मिलना (to meet with) and compound verbs with ले+intransitive जाना, आना: ले जाना (to take someone or something elsewhere), ले आना (to bring someone or something). More on compound verbs in the upcoming chapter.

अभ्यासः

खाली जगह भरिए. Decide whether ने is needed. Some blanks provided for ने may be left empty:

1. कल हम ____ मसाला चाय ___________ (to drink) ।

2. फ़िर हम ____ दोस्तों के साथ खाना ___________(to eat) ।

3. उस ____ काम ______________ (to start) और फ़िर ___________________ (to finish) ।

4. क्या आज सुबह आप _____ समय पर _______________ (to get up)?

5. कल वे ____ उसके परिवार से _______________ (to meet) ।

6. पिछले हफ़्ते क्या तुम ____ नए कपड़े _____________ (to buy)?

7. वे लोग _____आरामदायक कुर्सी पर _____________ (to sit) ।

8. कल रात को वे _____ समय पर ___________ (to sleep) ।

9. मैं _____ उस को ________________ (to respond) ।

10. राम ____ मेरी किताब ____________ (to take) और __________ (to read) ।

11. हम____ अपने सहपाठियों से हिंदी में _____________ (to speak) ।

12. उन्होंने बताया कि वे स्टैनफ़र्ड में ______________ (to stay) ।

13. उन्होंने परसों भारतीय और पश्चिमी संगीत ____________ (to hear) I

14. सुबह हम ______ हिन्दी कक्षा में ______________ (to arrive) I

15. वे ____ उन के साथ बेसबॉल ___________ (to play) I

Present Perfect

In the present perfect, the perfect tense with the transitive and intransitive verbs is used, but the present form of होना is also added for "has" or "have." The use of this tense is to relate a completed action in the perfect to the present.

उदाहरणः

मैंने कपड़े ख़रीदे हैं।	I have bought clothes.
शीला ने काम नहीं किया है।	Sheela has not worked.
वे लोग अब दिल्ली पहुँचे हैं।	Those people have reached Delhi now.
हम सब ने मदद की है।	We have all helped.
मलइका ने ये चीज़ें दी हैं।	Malaika has given these things.

Past Perfect:

In the past perfect, the perfect tense with the transitive and intransitive verbs is used, but the past form of होना is added for "had." The use of this tense is to sequence a completed action in the perfect to the past to mark the order of actions that took place.

उदाहरण:

उस दिन सरला ने लाल और सुनहरी साड़ी पहनी थी।	That day Sarla had worn a red and gold saree.
बहुत साल पहले पल्लवी ने यह गाड़ी चलाई थी।	Many years ago Pallavi had driven this car.
क्या आपने डच भाषा सीखी थी?	Had you learned the Dutch language?
मामा जी ने बचपन में मुझे कहानी सुनाई थी।	Mama ji had told me a story in my childhood.

तुमने कौन सी फ़िल्म देखी थी? Which film had you seen?

अभ्यासः

खाली जगह भरिए:

1. आज तुमने क्या ________________ (have made)?

2. आपका दोस्त कुछ ज़रूरी दस्तावेज़ ____________________ (had brought) I

3. पिता के जाने के बाद गणेश ने अपनी दो बहनों की ____________________ (had married) I

4. सिमरन ने यह _________________ (has decided, to decide: फ़ैसला करना) I

5. बहुत कोशिश करने पर इसे अच्छी नौकरी ___________________ (had received) I

ठीक या ग़लत?

क्या शिशु ने दूध पिया है? ठीक या ग़लत

मेरी चीज़ें घर देर से पहुँची थीं। ठीक या ग़लत

आप यह लेख किस के लिए लिखा था? ठीक या ग़लत

वह दावत के लिए सामान लाओ है। ठीक या ग़लत

हमने पहले गृहकार्य ख़त्म किया था। ठीक या ग़लत

अनुवाद कीजिए:

1. Have the students come on time?

____

2. S/he has met those people.

_____

3. Have they bought the flowers?

_____

4. You had gone to Goa that day.

_____

5. We had not woken him early.

_____

Section 2

Below are some examples of real-life applications of the perfect tense to further practice culture, reading, speaking and listening skills.

संस्कृति

While in English there are few causative verbs such as make, have or let, Hindi has a much broader category of these verbs, emphasizing not only the willingness of people to help or hire, but also the importance of interconnectedness and relationship. Causative verbs occur in all tenses.

Causative Verbs

Causative verbs in the perfect tense are essentially transitive verbs that involve another entity to complete the action. For example, करना: to do, करवाना: to have it be done by another entity (a person, company, etc.).

Some transitive verbs have one causative, for example, बेचना: to sell, बिकवाना: to have it be sold by another entity. However, a small group of transitive verbs also has two causatives, for example, सुनना: to hear, सुनाना: to make someone else hear, सुनवाना: to have someone make someone else hear. Many intransitive verbs have transitive and causative versions.

The entity involved in the causative, if stated, is indicated by the use of से:

यह काम शीला ने उससे करवाया।

In many cases, the entity is not stated, but the use of the causative indicates that there was another entity that completed the action:

यह काम शीला ने करवाया।

The table below shows examples of commonly used intransitive & transitive verbs with their causative versions:

Intransitive	Transitive	Causative 1	Causative 2
	खाना	खिलाना	खिलवाना
	देखना	दिखाना	दिखवाना
	सुनना	सुनाना	सुनवाना
	चखना	चखाना	चखवाना
	देना		दिलवाना
	बेचना		बिकवाना
	लिखना		लिखवाना
	पढ़ना		पढ़वाना
	भेजना		भिजवाना

Intransitive	Transitive	Causative 1	Causative 2
	सीना		सिलवाना
	पूछना		पुछवाना
	करना		करवाना
रुकना	रोकना		रुकवाना
बनना	बनाना		बनवाना
पकना	पकाना		पकवाना
रोना	रुलाना		रुलवाना
हँसना	हँसाना		हँसवाना
सोना	सुलाना		सुलवाना
उठना	उठाना		उठवाना
धुलना	धोना		धुलवाना
बैठना	बिठाना		बिठवाना
लगना	लगाना		लगवाना
खुलना	खोलना		खुलवाना
उतरना	उतारना		उतरवाना
मिलना	मिलाना		मिलवाना

अभ्यासः

ख़ाली जगह भरिएः

1. मेहमानों को खाना _____ (खिलवाना: command or request form) ।

2. ठेकेदार (contractor) ने इन्हें बिकाऊ (for sale) ज़मीन _____ (दिखाना)।

47

3. कल शाम की दावत में गायक ने अपना नया गीत _____(सुनाना)।

4. नेता जी को काम करना व _____ (करवाना) दोनों आते हैं।

5. यह नौकरी उसने अपने दोस्त को _____(दिलवाना)।

अनुवाद कीजिए:

1. She had her friend read the letter.

_____

2. Each year, brother and sister have a gift sent to their parents.

_____

3. For the wedding, she will have 10 new suits sewn.

_____

4. They had her ask his opinion.

_____

5. She is having the new house made this summer.

_____

खाली जगह भरिए:

Intransitive	Transitive	Causative
उठना		
पकना		
लगना		
घूमना		
उतरना		
कटना		
रुकना		
बिकना		

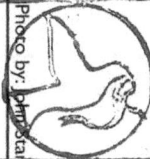

United Nations Postal Administration
आपका
बेस्ट फ्रैंड
कौन है ?
UNITED NATIONS
UN

पढ़ने का अभ्यासः

Biographies (जीवनियाँ) often have the perfect, present perfect, past perfect and causatives. Below is an example:

महात्मा गाँधी भारत में गुजरात के पोरबंदर इलाके में पैदा हुए थे। उनका शुभ नाम मोहनदास करमचंद गाँधी था। गाँधी जी ने ब्रितानी राज से भारत की स्वतंत्रता की लड़ाई व संघर्ष का नेतृत्व किया। उन्होंने अहिंसा का पथ चुना और सत्याग्रह आंदोलन भी चलाया। गाँधी जी और स्वतंत्रता सेनानियों ने मिलकर अंग्रेज़ों से भारत को आज़ादी दिलवाई। गाँधी जी को आदर सहित राष्ट्रपिता कहा जाता है और उनके जन्मदिन पर गाँधी जयंती मनाई जाती है।

लिखने का अभ्यास
Write a short biography of a person you admire.

_____

_____

_____

_____

_____

_____

पिछली गर्मी की छुट्टियों में आपने क्या-क्या किया?

_____

बोलने का अभ्यास

विषय: कल की दिनचर्या

बताइए आपने कल क्या-क्या किया?

Use the perfect tense while responding to this prompt. Below is an example:

मैं विश्वविद्यालय के छात्रावास में रहती हूँ। आज सुबह, मैंने रसोई में चाय बनाई और फ़िर बाग में सैर की। नाश्ते से पहले, मैंने मंदिर में पूजा की। दोपहर को पुस्तकालय में काम किया और एक दोस्त के साथ रैसटोरैंट में खाना खाया। खाने के बाद, बाज़ार में ख़रीददारी की। शाम को शहर के अस्पताल में अपने पिता से मिली। वे वहाँ डाक्टर हैं। मेरी गाड़ी ख़राब थी तो मैंने बस स्टैंड पर बस का इंतज़ार किया। बस से सिनेमाघर गई और एक फ़िल्म देखी। रात को समुद्र के किनारे पर घूमी और तारे देखे।

विषय: पिछला नया साल

बताइए आपने पिछला नया साल कैसे मनाया?

Use the perfect tense while responding to this prompt. Below is an example:

पिछला नया साल बहुत ही रोचक था। मेरे परिवार के कई सदस्य दूर-दूर से आकर हमारे घर इकट्ठे हुए। हम सभी मिलकर एक नए रैस्टोरैंट पर गए। वहाँ हमने विविध प्रकार के व्यंजन चखे, खाये और साथ में ख़ूब बातें की। काफ़ी हँसी मज़ाक हुआ। फ़िर, हम थोड़ा नाचे क्योंकि नए साल का एक विशेष कार्यक्रम था। नाचने के बाद हमने मिठाई भी खाई। इस के कुछ देर बाद हम सभी घर लौटे और सोने की तैयारी की।

सुनने का अभ्यास

Many Bollywood songs use the perfect tense. Below are the lyrics of a popular song that has the perfect tense. Fill in the blanks while listening to this song:

"रूबरू रौशनी है"

फ़िल्म: *रंग दे बसंती* (2006)

शब्दार्थ:

रूबरू: Face to face

रौशनी (f.): light

यकीन, यकीं (m.): trust

आग (f.): fire

सूरज (m.): sun

निगल जाना: to swallow

गुमशुदा: lost

ख़्वाब (m.): dream

खिल जाना: to blossom

लोहा (m.): iron

पिघल जाना: to melt

खिंचना: to be stretched

बदल जाना: to change

धुँआ छटना: for the smoke to clear

गगन खुलना: for the sky to open

डगर (f.): path

हमसफ़र: co-traveler

नज़र (f.): sight

आंधियाँ (f.): storms

झगड़ना: to fight

लौ (f.): flame

मशाल (f.): torch

बढ़ना: to increase

नामो निशां (m.): name and sign

कारवां (m.): caravan

उजाले (m.): light

रोशन होना: to be famous

सहना: to tolerate

ए साला,

हो... अभी-अभी _____ यकीं, कि आग है मुझ में कहीं,

हुई _____, मैं चल गया,

सूरज को मैं, निगल गया,

रूबरू रौशनी है (2)

जो गुमशुदा-सा ख़्वाब था,

वो _____, वो खिल गया,

वो लोहा था-2, पिघल गया-2

खिंचा-खिंचा, मचल गया,

_____ में बदल गया,

रूबरू रौशनी है (2)

धुंआ छटा खुला गगन मेरा,

_____ डगर नया सफ़र मेरा,

जो बन _____ तू हमसफ़र मेरा,

नज़र मिला

ज़रा (2)

आंधियों से झगड़ रही है लौ मेरी,

अब मशालों सी बढ़ रही है लौ मेरी,

नामो निशां, रहे ना _____,

ये कारवां, रहे ना रहे,

उजाले मैं, _____ गया,

रोशन हुआ, जी गया,

क्यो सहते रहें?

रूबरू रौशनी है (2)

धुंआ छटा खुला गगन मेरा,

नयी डगर नया सफ़र मेरा,

जो बन सके तू हमसफ़र मेरा,

नज़र मिला ज़रा,

रूबरू रौशनी है (2)

ए साला (3)

You can also hear other examples of Bollywood songs that use the perfect tense:

1. "मैंने तुझको देखा" फ़िल्मः *गोलमाल अगैन* (2017)
2. "हो गया है तुझको तो प्यार सजना" फ़िल्मः *दिलवाले दुल्हनिया ले जाएँगे* (2005)
3. "इक लड़की को देखा" 1942 A Love Story (1994)

शब्दार्थ

इस अध्याय में आपके द्वारा सीखे गए नए शब्दों की सूची बनाएँ:

_____

_____

_____

_____

_____

_____

Chapter 3: PARTICIPLES-IMPERFECT, PERFECT & कर

Section 1

Imperfect & Perfect Participles

Imperfect participles are verb forms that can be used as an adjective or adverb to convey continuity of action. On the other hand, perfect participles as an adjective or adverb are used to convey the completeness of action.

In their adjectival use, both imperfect and perfect participles are often used with the perfect form of the verb होना based on the number and gender of the noun, though this is not always required:

Imperfect participle as an adjective describes the continuity of an action:

Infinitive Verb	Imperfect Participle
चलना	चलता (हुआ), चलती (हुई), चलते (हुए)
काम करना	काम करता (हुआ), काम करती (हुई), काम करते (हुए)
सीखना	सीखता (हुआ), सीखती (हुई), सीखते (हुए)

उदाहरण:

चलती हुई गाड़ी रुकी।   The moving car stopped.

वे काम करते हुए गा रहे थे।   They were singing while working.

हमें हिन्दी सीखते हुए मज़ा आया।   We had fun (while) learning Hindi.

अभ्यास:

ख़ाली जगह भरिएः

1. पुस्तकालय से _____ (आना) मुझे देर हो गई।

2. लेख _____ (लिखना) छात्रों ने शोध किया।

3. मैं _____ (चाहना) भी आपकी मदद न कर सका।

4. कुछ लोग मानते हैं कि खाना _____ (खाना) ज़्यादा पानी नहीं पीना चाहिए।

5. कपड़े _____ (ख़रीदना) हमने दुकानदार से दाम पूछे।

इन वाक्यों को जोड़िएः

1. वह चित्रकारी करता है। वह संगीत सुनता है।

   _____

2. हम सो रहे थे। हम सपने देख रहे थे।

   _____

3. आपने चाय पी। आपने अख़बार पढ़ा।

   _____

4. ये लोग समुद्र के किनारे सैर करेंगे। ये लोग बातचीत करेंगे।

   _____

5. तुम दोस्तों के साथ घूमो। तुम तस्वीरें लो।

   _____

अनुवाद कीजिए:

1. Yesterday, he got hurt while going down the stairs (सीढ़ियाँ उतरना).

   _____

2. I felt very sleepy while traveling (यात्रा, सफ़र करना).

---

3. Everyone saw her flying (उड़ाना) the airplane.

---

4. Looking at Lake Lagunita made them happy.

---

5. Subodh (सुबोध m.) caught the bus while running.

Perfect participle as an adjective describes the completion of an action:

Infinitive Verb	Perfect Participle
पकना	पका (हुआ), पकी (हुई), पके (हुए)
पड़ना	पड़ा (हुआ), पड़ी (हुई), पड़े (हुए)
थकना	थका (हुआ), थकी (हुई), थके (हुए)

उदाहरण:

पका हुआ फ़ल मीठा है। The ripe fruit is sweet.
खाना फ़्रिज में पड़ा हुआ है। The food is kept in the fridge.
आज मैं थका हुआ हूँ। Today I am tired.

अभ्यासः

ख़ाली जगह भरिएः

1. फ़र्श पर _____ (गिरना) चीज़ नहीं खानी चाहिए।

2. माँ बच्चे का हाथ _____ (पकड़ना) थी।

3. आज वह एक बढ़िया कुर्ता _____ (पहनना) थी।

4. छात्रावास की दीवार पर प्रेरणादायक तस्वीरें _____ (लगना) थीं।

5. _____ (टूटना) सामान बाहर रख दो।

इन वाक्यों को जोड़िए:

बाग में फूल खिले थे। हम उनको देख रहे थे।

_____

मेहमान घर पर थे। वे बैठे थे।

_____

बस में मुसाफ़िर थे। वे खड़े थे।

_____

आप शब्द बोले। आप उन्हें वापिस लेने की कोशिश कर रहे हैं?

_____

यह गीत है। मैंने पहले सुना है।

_____

अनुवाद कीजिए:

1. These clothes are washed.

_____

2. Her mom saved the money she earned (कमाना).

_____

3. Please close the open(ed) door.

_____

4. This stuff is stolen (to steal: चुराना).

_____

5. We have seen this house.

_____

Imperfect participle as adverb describes the timing (when) and manner (how) of the action:

In the adverbial form, only the oblique case of the main verb participle is used regardless of the number and gender of the subject.

With हुए	करते हुए	while doing
With समय या वक़्त	करते समय, करते वक़्त	while doing
Reduplicated	करते-करते	while doing
With ही	करते ही	As soon as...doing...
Length of time	को...करते हुए	How long since something has been happening

Imperfect participles with हुए, समय or वक़्त have no differences in their meanings. However, the reduplicated one indicates a change of an ongoing action to another, either with or without intention.

<u>उदाहरण</u>:

उस ने फ़ैसला करते समय सब की राय ली।   While deciding, he took everyone's opinion (into consideration).

वह काम करते-करते सो गया।   He fell asleep while working.

मरम्मत करते ही गाड़ी चल पड़ी।   As soon the car was repaired, it started running.

हमें इंतज़ार करते हुए एक घंटा हुआ है।   It has been an hour since we have been waiting.

आपको यहाँ काम करते हुए कितने साल हुए?   How many years since you have been working here?

<u>अभ्यास</u>:

ख़ाली जगह भरिएः

1. मुझे भारत _____ (जाना) 3 महीने हुए हैं।

2. वह अपनी बात _____ (reduplicated कहना) चुप हो गया।

61

3. आज व्यायाम _____ (करना) मनीषा थक गई।

4. सुनील को _____ (आना with समय/वक़्त) ठंड लगेगी।

5. सूरज _____ (निकलना with ही) हर तरफ़ धूप थी।

इन वाक्यों को जोड़िएः

1. वह डरता है (use reduplicated)। यह बात कहता है।

_____

2. हम रास्ता पूछ रहे थे। हम हिचकिचाए।

_____

3. उसकी मदद की (use with समय/वक़्त)। मुझे अच्छा लगा।

_____

4. आप इस कहानी के बारे में सोच रहे थे। दस साल हो गए।

_____

5. कल रात तुम संगीत सुन रहे थे। अचानक फ़ोन बजा।

_____

अनुवाद कीजिए:

1. While washing her face, she looked in the mirror.

_____

2. As soon as we arrived there, they fed us breakfast (with ही).

_____

3. While driving a car, (one should) look at the back and the front (with समय, वक्त).

_____

4. How many years since you have been dancing?

_____

5. We became bored (ऊब जाना) while watching TV (reduplicated).

_____

Perfect participle as adverb describes the timing (when) and the manner (how) of the action:

As with the imperfect participle, in the adverbial form, only the oblique case of the participle is used.

With हुए	बैठे हुए	while sitting/seated
Reduplicated	बैठे-बैठे	while seated
with बिना या बग़ैर	बिना बैठे, बग़ैर बैठे, बैठे बिना, बैठे बग़ैर	Without sitting
Length of time	आपको यहाँ बैठे हुए कितना समय हुआ?	How long since something has happened

उदाहरण:

पड़ा हुआ गृहकार्य ख़त्म कीजिए।   Please finish the leftover homework.

उसे सोये-सोये बोलने की आदत है।   She has a habit of talking in her sleep.

बग़ैर खाए काम करोगे तो कम ऊर्जा महसूस होगी। If you work without eating, you will feel low energy.

अपने रिश्तेदारों से बिना मिले मत जाना।   Don't go without meeting your relatives.

दोपहर के खाने को बने हुए एक घंटा हो गया।   It has been an hour since lunch was made.

अभ्यास:

ख़ाली जगह भरिएः

1. उसे गाड़ी _____ (चलाना) 15 साल हो गए।

2. _____ (without voting) लोकतंत्र कैसे बन सकता है?

3. _____ (without petrol/gas) हवाई जहाज़ भी चल सकते हैं?

4. कई बार ____________________ (watched) फ़िल्म देखने में भी मज़ा आता है।

5. मैंने अपनी यात्रा के लिए नए कपड़े ____________________ (bought) हैं।

इन वाक्यों को जोड़िएः

फ़ूल खिले हैं। फ़ूलों को खिलने दो!

____

मैं यहाँ आई। मुझे कुछ ही मिनट हुए हैं।

____

दावत में कई लोग आए। उन्हें बुलाया नहीं था। (use without)

____

करवा चौथ के व्रत में विवाहित स्त्रियाँ कुछ खाती या पीती नहीं हैं। वे चाँद के निकलने का इंतज़ार करती हैं। (use without)

____

गर्म मौसम में टमाटर बाहर रखा था। टमाटर ख़राब हो गया। (use reduplicated)

____

अनुवाद कीजिए:

1. The girl found the money lying on the floor.

_____

 2. Without working hard, how will you pass the exam (with बिना या बग़ैर)?

_____

3. Without speaking, it will be difficult to learn the new language (with बिना या बग़ैर)

_____

4. You seem/appear lost (to be lost: खोया होना) (reduplicated).

_____

 5. How many days has it been since the fair (मेला m.) started?

_____

कर Participle

The participle कर is used to join two verbs or actions that are in succession of one another and involve the same subject. It is formed by adding कर or के to the verb stem of the first verb. As the first verb stem is joined with the participle, the last verb is conjugated based on the number and gender of the subject. It gives the sense of "having done one action or after one action, another action follows." It replaces the conjunct "and" in Hindi, though it is translated with "and" in English.

<u>उदाहरण:</u>

मैं समुद्र के किनारे गया। मैं टहला। I went to the beach. I strolled.

These two sentences can be joined by using the subject once and then adding कर or के to the first verb:

मैं समुद्र के किनारे जाकर टहला। I went to the beach and strolled.

Note:

- In the case of करना as the first verb, it is the only correct option (as करकर would be incorrect): मैं काम करके सो गया।
- The flexibility in the placement of the subject is also more acceptable, especially while speaking: काम करके मैं सो गया।
- Since the कर participle combines two verbs, if the last verb is transitive, then the subject needs the postposition ने even if the first verb is intransitive: मैंने घर आकर काम किया। In this case, even as आना is intransitive, because काम करना, the last verb, is transitive, there is ने used with the subject.
- Conversely, ने is not required even if the first verb is transitive: मैं काम करके घर आया।

शंकर ने सुबह उठकर हाथ मुँह धोया। Shankar got up in the morning and washed his hands and face.

हम शाम की सैर करके चाय पियेंगे। We will drink tea after the evening stroll.

सुशील किताबें वापिस करके दफ़्तर गया। After returning the books, Sushil went to the office.

बच्चे नहाकर तैयार हुए। Children showered/bathed and got ready.

<u>अभ्यास</u>:

ख़ाली जगह भरिए:

1. उन से _____________(पूछना) आओ।

2. आप से _____________ (मिलना) खुशी हुई।

3. जूते _____________ (उतारना) मंदिर में प्रवेश कीजिए।

4. यहाँ से _____________ (चलना) आगे जाना पड़ेगा।

5. आज वह _____________ (झूमना) नाची।

इन वाक्यों को जोड़िए:

1.मेरी अध्यापिका दिल्ली पहुँची। अपने परिवार से मिली।

____

2. बच्चे मेले में गए। वे झूला (a swing) झूले (to “take” a swing) I

____

3. मेहमानों ने खीर चखी। उन्होंने ख़ूब पसंद की।

____ 4

4. गर्मी में प्यास बुझाई। उन को शान्ति मिली।

____

5. यात्रियों ने ढाबे से खाना खाया। फ़लूदा कुल्फ़ी भी खाई।

____

6. दावत में न जाओ। अपना काम करो।

____

7. छात्रों ने किताबें उठाई। छात्र पढ़ने लगे।

____

8. उसने दफ़्तर में काम ख़त्म नहीं किया। वह घर चला गया।

_____

9. हम घर आएंगे। होली मनाएंगे।

_____

10. मैं घर गई। मैंने माता पिता की मदद की।

_____

अनुवाद कीजिए:

1. Having sold the shop, he opened a hotel.

_____

2. Having prepared, we spent time in Memorial Church.

_____

3. After winning the game, the players became very happy.

_____

4. Please call him here and tell him.

_____

5. I would want to sit and talk with you.

_____

Section 2

Below are some examples of real-life applications of the participles we learned in this chapter to further practice culture, reading, speaking and listening skills.

संस्कृति

There are some common expressions in Hindi use the imperfect participle:

- उड़ती चिड़िया पहचानना: to quickly gauge someone or something
- बहती गंगा में हाथ धोना: to make hay while the sun shines
- डूबते को तिनके का सहारा: grasping at a straw while drowning
- घर आती लक्ष्मी: The incoming wealth

पढ़ने का अभ्यास

Recipes often have perfect participles:

एक पाक विधि (a recipe): चटपटे सफ़ेद चने की सलाद

सामग्री (ingredients)

उबले हुए सफ़ेद चने एक कटोरी

हरा धनिया, अदरक, लाल मिर्च पाउडर स्वादानुसार

हरी मिर्च - 1 बारीक कटी हुई

प्याज आधा कटा हुआ

टमाटर -1 कटा हुआ

नमक - 1 चुटकी या स्वादानुसार

नींबू का रस ताज़ा या पहले से निकला हुआ

विधि -

सफ़ेद चने तले हुए नहीं हैं तो आपकी सेहत के लिए भी अच्छे हैं और स्वाद में चटपटे भी। लिखी हुई चीज़ों का मिश्रण बना लीजिए और उसी समय खाइए। लम्बे समय तक पड़े हुए सफ़ेद चने व नमक पानी छोड़ सकते हैं।

लिखने का अभ्यास

Participle का इस्तेमाल करते हुए एक पाक विधि लिखिएः

_____

_____

_____

_____

_____

शब्दार्थः

There are specific expressions with कर/के that are commonly used:

1. मजबूर होकर: without a choice
2. जानबूझकर: deliberately or knowingly
3. संभलकर: carefully
4. संभालकर: careful while taking care of something or someone
5. मिलजुलकर: together
6. भूलकर: having forgotten
7. मन/जी भरके: to the heart's content
8. विशेषकर/ख़ासकर: especially
9. से होकर: via, by way of something
10. से हटकर: different from the usual
11. से बढ़कर: more or better than
12. मेहरबानी करके: kindly

ख़ाली जगह भरिए:

Together: _____

Different from the usual: _____

Carefully: _____

Without a choice: _____

Deliberately or knowingly: _____

Careful while taking care of something or someone: _____

Kindly: _____

Having forgotten: _____

Via, by way of something: _____

Especially: _____

more or better than: _____

to the heart's content: _____

बोलने का अभ्यास

Speaking topic: Multitasking

What tasks did your friend do yesterday? Use participles while responding to this prompt. Below is an example:

कल सुबह उसने नहाते हुए गाना गाया। फ़िर, नौकरी के लिए तैयार होते हुए परिवार से ज़रूरी बात की। क्योंकि उसके पास समय कम था, उसने गाड़ी चलाते हुए नाश्ता खाया। दोपहर को काम करते हुए उसे थकान महसूस हुई। शाम को घर आते हुए उसने कुछ सामान ख़रीदा। घर आकर, उसने रात का खाना बनाती हुई माँ की मदद की। रात को सोते हुए उसने एक सुहाना सपना देखा।

सुनने का अभ्यास

Many Bollywood songs use participles. Below are the lyrics of a song that has participles. Fill in the blanks while listening to this song:

"बहती हवा सा था वो"

फ़िल्मः *Three Idiots* (2009)

बहती (flowing, in this case, moving) हवा सा था वो

_____ पतंग (kite) सा था वो

कहाँ गया, उसे ढूँढो

हम को तो राहें थी चलाती

वो खुद अपनी राह बनाता,

गिरता, _____

मस्ती में चलता था वो

हमको कल की फिकर (worry) सताती (harass),

वो बस आज का जश्न (celebration) मनाता,

74

हर लम्हे (moment) को _____ जीता था वो

कहाँ से आया था वो

छू के हमारे दिल को

कहाँ गया, उसे ढूँढो

_____ धूप में छाँव के जैसा,

रेगिस्तान (a desert) में गाँव के जैसा,

मन के घाव (wound) पे मरहम (bandage) जैसा था वो

हम सहमें से रहते कुएँ में,

वो नदिया में गोते (dives) लगाता,

उल्टी धारा _____ तैरता था वो

बादल आवारा (wild) था वो

यार हमारा था वो

कहाँ गया, उसे ढूँढो

बहती हवा सा था वो

उड़ती पतंग सा था वो

कहाँ गया, उसे ढूँढो

You can also hear other examples of Bollywood songs that use participles:

1. "रोते-रोते हँसना सीखो," फ़िल्म: *अंधा कानून* (1983)
2. "रोते हुए आते हैं सब," फ़िल्म: मुक़द्दर का सिकंदर (1978)
3. "चलते-चलते यूँ ही कोई मिल गया था," फ़िल्म: पाकीज़ा (1971)

<u>शब्दार्थः</u>

इस अध्याय में आपके द्वारा सीखे गए नए शब्दों की सूची बनाएँ:

_____

_____

_____

_____

_____

_____

_____

Chapter 4: THE SUBJUNCTIVE & PRESUMPTIVE
Section 1

The Subjunctive form

The subjunctive form is used to express a variety of things such as permission, suggestion, probability, possibility, doubt and wish.

It is easy to form by deleting the गा, गी, गे ending from the future tense. In the chart below, examples of formation are shown for two regular verbs (आना, जाना) and three irregular verbs (होना, लेना, देना):

Number of subject (no gender change)*	आना (regular)	जाना (regular)	होना (irregular)	लेना (irregular)	देना (irregular)
मैं	आऊँ	जाऊँ	हूँ	लूँ	दूँ
तू/यह/वह*	आए	जाए	हो	लाए	दे
तुम	आओ	जाओ	हो	लाओ	दो
आप/हम/ये/वे*	आएँ	आएँ	हों	लाएँ	दें

*As the chart shows, the subjunctive form changes based on the number, but not the gender of the subject as it is the same for masculine and feminine subjects.

The subjunctive is often used to ask permission with should or shall questions or make a suggestion using let's:

क्या मैं चाय में चीनी डालूँ?	Should I put sugar in the tea?
क्या मैं खिड़की बंद करूँ?	Should I close the window?
चलो, मेले में चलें।	Come on, let's go to the fair.
चलो, इसके दोस्त से बात करें।	Come on, let's talk to her friend.

It is used to make polite requests especially in public announcements:

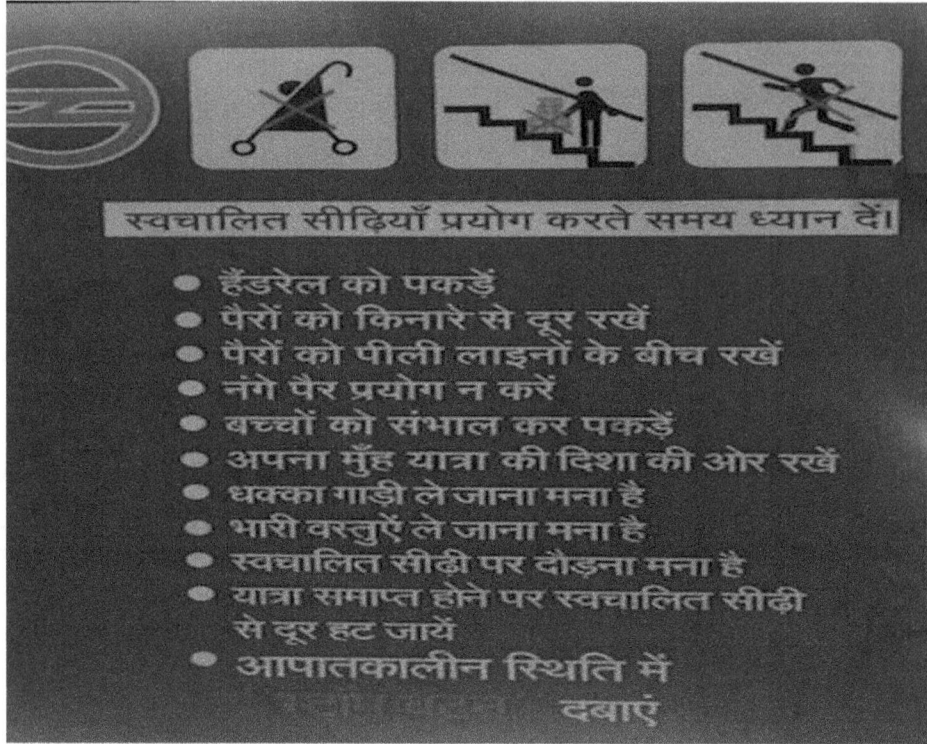

कृपया जूते यहाँ उतारें।	Please take shoes off here.
कृपया बैठे रहें।	Please stay seated.
कृपया धूम्रपान न करें।	Please don't smoke.

In negative sentences in the subjunctive, often न is used instead of नहीं।

It is used to express probability (may, might, or perhaps) in different tenses using the subjunctive form of होना as an auxiliary:

शायद वह घर वापस गया हो।	Perhaps he went back home.
शायद वे कपड़े बेचते हों।	May be they sell clothes.
शायद छात्र पढ़ रहे हों।	Perhaps the students are studying.
शायद हम जल्दी पहुँचें।	We may reach early.

It is used to express possibility:

हो सकता है कि उन्होंने कोशिश की हो।	It is possible that they may have tried.
संभव है कि वे सो रहे हों।	It is possible that they may be sleeping.
असंभव है कि वह हमें रास्ते में मिले।	It is impossible that he will meet us on the way.
मुमकिन है कि वे लोग अमरीका आएँ।	It is possible that those people may come to America.
नामुमकिन है कि वे रूस में भी जाएँ।	It is impossible that they will also go to Russia.

It is used to express doubt or fear:

क्या मालूम कल वह वहाँ हो या न हो!	Who knows whether he/she will be there tomorrow or not!
क्या पता दुकान खुली हो न हो!	Who knows whether the shop would be open or not!
कहीं ऐसा न हो कि पुल टूट जाए।	Let it not be that the bridge breaks.

It is also used to express want, consideration, wish, opinion etc. in subordinate clauses after कि. Some examples are below:

बलराम चाहता है कि उसे नौकरी मिले।	Balram wants that he get a job.
शाम मानता है कि शायद आप ठीक हों।	Sham considers (admits) that you might be right.
काश (कि) हम अमीर हों।	If only we were rich.
ज़रूरी है कि आप इंतज़ार करें।	It is necessary that you wait.
उचित है कि तुम इसका जवाब न दो।	It is appropriate that you not to respond to this.
बेहतर होगा कि वे अभी शादी के बारे में न सोचें।	It would be better if they do not think about marriage right now.
दीपक का विचार है कि शायद घर के दाम ऊपर जाएँ।	Deepak thinks that perhaps the home prices will go up.
गीता का ख़याल है कि शायद वह स्टैंफ़र्ड डिश के पास घूमने जाए।	Geeta's thinks that maybe will go sightsee near the Stanford Dish.

<u>अभ्यासः</u>

खाली जगह भरिए:

1. क्या मैं बाज़ार से सब्ज़ियाँ ______________ (लाना)?

2. चलो, बाहर घूमने ______________ (चलना)।

3. अपना पत्र नीचे दिए गए पते पर ______________ (भेजना)।

4. यहाँ कूड़ा न ___________ (फ़ेंकना: to throw) ।

5. शायद हम छुट्टियों में राजस्थान _____________ (जाना)।

अनुवाद कीजिए:

1. Perhaps I will go to India this year.

____

2. It is possible that they might not be at home.

____

3. Who knows what she will eat tonight.

____

4. It is not possible that she will use that computer.

____

5. If only we lived there!

_____

Complete the subordinate clause:

1. मैं चाहता हूँ कि_____

2. यह ज़रूरी है कि वह _____

3. उचित है कि तुम_____

4. बेहतर होगा कि हम _____

5. उनका विचार है कि _____

अनुवाद कीजिएः

1. Should/shall we help you?

_____

2. Should we meet you here today?

_____

3. Perhaps it may rain tomorrow.

_____

4. Let's play outside.

_____

5. Please don't go there every day.

_____

6. It is important that you study Hindi every day.

_____

7. I want you to finish this book now.

_____

8. Let's talk to Veena.

_____

The Presumptive

The presumptive form of the verb is used to indicate an assumption or supposition using the future tense of होना. The closest translation of the presumptive is the sense of "must," "must be" or "must have."

उदाहरणः

वह रोज़ हिन्दी पढ़ती होगी।   She must study Hindi every day. (imperfect presumptive)

इस समय वह हिन्दी पढ़ रही होगी।   She must be studying Hindi at this time. (progressive or continuous presumptive)

उसने हिन्दी पढ़ी होगी।   She must have studied Hindi. (perfect presumptive)

अभ्यास

ठीक या ग़लतः आपके दोस्तों या सहेलियों ने पिछली गर्मी की छुट्टियों में क्या-क्या किया होगा?

1.   शायद उन्होंने अपने परिवार के साथ समय बिता हो।   ठीक/ग़लत

2.   हो सकता है वे किसी संग्रहालय में कला देखने हों।   ठीक/ग़लत

3.   मुझे लगता है कि उन्होंने ज़रूर बाहर एक रैस्टोरैंट में खाया होगा।   ठीक/ग़लत

4.   मेरा दोस्त एक कक्षा ले रहता होगा।   ठीक/ग़लत

5.   मेरी सहेली ने सिनेमाघर में एक नई फ़िल्म देखी होगी।   ठीक/ग़लत

खाली जगह भरिए:

1. इस समय सुबह के दस बजे हैं। मेरे पिता जी _____ (must be at the office).

2. कविता गणित में बहुत होशियार है। वह ज़रूर _____ (must practice).

3. इनकी रेलगाड़ी रात के नौ बजे जानी थी। वे _____ (must be going to the station).

4. आधी रात है। वे _____ (must be sleeping).

5. उसको दिल्ली के बारे में सब कुछ मालूम है। वह अक्सर _____ (must sightsee/roam: घूमना) ।

अनुवाद कीजिए:

1. My friends must work nowadays.

_____

2. The exams have finished. They must be resting.

_____

3. We must have said something.

_____

4. The shop must have opened.

_____

5. He must have driven the plane before.

_____

What must your mom/dad have done, be doing, or do at these times?

1. 7: 30 am_____

2. 9:00 am_____

3. 12 noon ____

4. 5:00 pm____

5. 8:30 pm ____

Section 2

Below are some examples of real-life applications of the subjunctive & presumptive we learned in this chapter to further practice culture, reading, speaking and listening skills.

संस्कृतिः

Hindi speakers use the subjunctive to give blessings to others. Below are some examples:

आपको शादी की सालगिरह मुबारक हो! Happy anniversary!

नया साल मुबारक हो! नव वर्ष मंगलमय हो! Happy New Year! May the New Year be auspicious.

जन्मदिन की बधाई हो! भगवान आपको दीर्घायु करे/आपकी आयु लम्बी करे। Happy birthday! May God increase your age/life.

आपके बच्चे जिएँ! May your children live!

आपका हर कार्य सफ़ल हो! May your every endeavor be successful!

पढ़ने का अभ्यासः

Recipes in magazines or online often use the subjunctive to formally address the public audience. Below is an example.

विषय: मटर पनीर की सब्ज़ी कैसे बनाएँ?

सामग्रीः

मटर, पनीर, प्याज़, अदरक, लहसुन, टमाटर, हरी मिर्चें, हरा धनिया, नमक, लाल मिर्च, हल्दी, पानी, क्रीम, जैतून का तेल/घी या मक्खन

पाक विधिः

1. पहले उचित मात्रा में प्याज़, अदरक, लहसुन, हरी मिर्चें व टमाटर बारीक काट लें या "मिक्सी" में पीस लें।

2. इन्हें एक बर्तन में जैतून का तेल/घी या मक्खन डालकर थोड़ा भून लें।

3. फ़िर, उचित मात्रा में मटर डालें। अगर जमे हुए ("फ्रोज़न") हों तो पहले ताजे पानी से निकाल लें ताकि उसका तापमान सामान्य हो जाए।

4. अब इस में तले हुए पनीर के टुकड़े डाल दें।

5. नमक, लाल मिर्च और हल्दी डालने के बाद सब्ज़ी में थोड़ा पानी डालें और इस सारी सामग्री को कुछ देर पकने दें।

6. अगर आप बाहर के भोजनालय जैसा स्वाद लाना चाहते हैं, तो थोड़ी क्रीम भी डाल सकते हैं। आपके स्वाद पर निर्भर करता है।

7. जब सब अच्छी तरह से मिश्रित व नरम हो जाए तो समझिए कि सब्ज़ी तैयार है।

8. इसे एक बर्तन में परोस लें और कटे हुए ताज़े धनिए के पत्तों से सजा लें।

In addition, providing steps on how to do certain things like a hobby, sport or achieve a certain goal often utilizes the subjunctive:

विषय: अच्छी सेहत के लिए क्या करें?

अच्छी सेहत के लिए रात को समय पर सोएँ और सुबह नींद पूरी करके जागें। दिन में एक बार किसी तरह का व्यायाम करें या ताज़ी हवा लें। नाश्ते, दोपहर, शाम व रात को पौष्टक भोजन का सेवन करें। पानी उचित मात्रा में पिएँ। अधिक समय बैठकर फ़ोन, कम्प्यूटर या किसी इलेक्ट्रोनिक उपकरण का उपयोग न करें।

लिखने का अभ्यास

विषय: Subjunctive का प्रयोग करें और एक पाक विधि लिखें

_____

_____

_____

_____

_____

_____

Provide steps on how to do certain thing you like to do, like a hobby, sport or achieve a certain goal often using the subjunctive.

_____

_____

_____

_____

बोलने का अभ्यास

As discussed earlier, subjunctive is used to express wishes, desires and uncertain future goals.

विषयः आप अपना अगला जन्मदिन कैसे मनाएँगे?

Below is an example:

हो सकता है कि मेरे अगले जन्मदिन पर मेरे दोस्त मुझे हैरान करें। दरअसल, मैं चाहती हूँ कि इस बार मेरे लिए दावत हो। शायद मैं अपने परिवार के साथ एक केक काटूँ। शायद मैं एक मज़ाकिया फ़िल्म देखूँ। संभव है कि मैं समुद्र तट पर भी घूमूँ। क्या मालूम कि मौसम कैसा हो। पर, ज़रूरी है कि इस विशेष दिन पर मैं खुश रहूँ।

विषयः आपका परिवार इस समय क्या कर रहा होगा?

Use the presumptive to respond to this prompt.

मेरी मम्मी: _____

मेरे पापा: _____

मेरा भाई: _____

मेरी बहन: _____

मेरे नाना, नानी: _____

मेरे दादा, दादी: _____

सुनने का अभ्यास

Many Bollywood songs use the subjunctive. Below are the lyrics of a song that has the subjunctive form. Fill in the blanks while listening to the song with the vocabulary provided contextually:

"राधा कैसे न जले?"

फ़िल्मः लगान (2001)

मधुबन (forest) में जो कन्हैया किसी गोपी से _____

कभी मुस्काये, कभी छेड़े (tease), कभी बात _____

राधा कैसे न जले, राधा कैसे न जले?

आग (fire) तनमन (mind and body) में _____

राधा कैसे न जले, राधा कैसे न जले?

मधुबन में भले कान्हा किसी गोपी से मिले

मन में तो राधा के ही प्रेम के हैं _____ खिले (खिलना: to blossom)

किस लिये राधा जले, किस लिये राधा जले?

बिना सोचे समझे (without thinking or understanding)

किस लिये राधा जले, किस लिये राधा जले?

गोपियाँ तारे (stars) हैं, चाँद (moon) है राधा

फिर _____ है उसको बिसवास (विश्वासः faith) आधा (half)

कान्हा जी का जो सदा इधर-उधर ध्यान रहे (attention is here and there)

राधा बेचारी फिर को अपने पे क्या मान रहे? (how can Radha feel proud of herself)

गोपियाँ आनी-जानी हैं

राधा तो मन की रानी (queen) है (2)

साँझ-सखारे (evening) जमुना _____

राधा राधा ही कान्हा पुकारे (पुकारनाः to call out)

बाहों के हार (garland) जो डाले कोई कान्हा के गले

राधा कैसे न जले?

मन में है राधे को कान्हा जो बसाये

तो कान्हा काहे को उसे न _____?

प्रेम की अपनी अलग बोली अलग, भासा (भाषा) है

बात नैनों (eyes) से हो, कान्हा की _____ आसा (आशाः hope) है

कान्हा के ये जो नैना हैं

जिनमें गोपियों के चैना (peace) हैं

मिली नजरिया, हुई बावरिया

गोरी गोरी सी कोई गुजरिया

कान्हा का प्यार किसी गोपी के मन में जो पले (पलनाः to be grown)

किस लिये राधा जले, राधा जले, राधा जले

राधा कैसे न जले.?

<u>You can also hear other examples of Bollywood songs that use the subjunctive:</u>

1. "ज़िन्दगी आ रहा हूँ मैं" फ़िल्मः *ज़िन्दगी आ रहा हूँ मैं* (2015)

2. "मैं अगर कहूँ" फ़िल्मः *ओम शांती ओम* (2007)

3. "तेरे हाथ में, मेरा हाथ हो" फ़िल्मः *फ़नाह* (2006)

<u>शब्दार्थः</u>

इस अध्याय में आपके द्वारा सीखे गए नए शब्दों की सूची बनाएँ:

_____

_____

_____

_____

_____

_____

Chapter 5: DIFFERENT USES OF को

Section 1

को is a commonly used postposition in Hindi, but with a great variety in its type of uses. Below are eleven different ways को is used. Students find that categorizing and grouping the different uses makes it easier to understand and put in practice.

1. With adjectives and the verb लगना, को is used with the subject to describe how something strikes that person or makes them feel.

उदाहरण:

अच्छा लगना: मुझे हिंदी अच्छी लगती है।	I find Hindi pleasing (literally: Hindi strikes me as good).
बुरा लगना: यह काम उनको बुरा लगता है।	They find this work bad.
ख़राब लगना: क्या तुम्हें यह खाना ख़राब लग रहा है?	Are you finding this food to be bad (in taste, freshness, etc.)?
मज़ेदार लगना: उसे वह नाटक बहुत मज़ेदार लगा।	He found that play to be fun.
बढ़िया लगना: इस साल का कार्यक्रम सबको बढ़िया लगेगा।	Everyone will find this year's program to be excellent.

Other examples include: बेकार लगना, आसान लगना, मुश्किल लगना, बड़ा लगना, छोटा लगना. This applies to most adjectives in Hindi.

2. Similarly, को is used with other physical experiences like hunger, thirst, etc. with the verb लगना:

उदाहरण:

मुझे बहुत भूख लगी है।	I am very hungry.
क्या तुम्हें प्यास लगी है?	Are you thirsty?
सर्दियों में ठंड लगेगी।	They will feel cold in the winter.
उसे कम गर्मी लगती है।	S/he feels less heat.
रात को बच्चे को डर लग रहा था।	At night, the child was feeling scared.
खेलते हुए कटरीना को चोट लगी।	While playing, Katrina got hurt.

3. In the same fashion, को is used with physical illnesses and emotions as well.

उदाहरणः

कल शाम को मुमताज़ को बुखार था।	Last evening, Mumtaz had a fever.
उन को ज़ुकाम है।	They have a cold.
रास्ते में मुसाफ़िर को खाँसी हुई।	On the way, the passenger had a cough.
गरिमा को पेट में दर्द रहता है।	Garima has a pain in her stomach (regularly).
यह समाचार सुनकर सब को दुख हुआ।	Upon hearing this news, everyone was saddened.

4. को is used with the verb चाहना to express romantic love. In this case, the object of affection takes को:

उदाहरणः

मैं अपने पति को चाहती हूँ।	I love my husband.
वह अपनी पत्नी को बहुत चाहता है।	He loves his wife very much.

5. And, it is used with the subject and चाहिए to express a need:

उदाहरणः

मुझे जल्दी जाना चाहिए।	I should/ought to/need to go early.
तुम्हें इस डिब्बे में से क्या चाहिए?	What do you need from this box?
सुरेश को एक नई कमीज़ चाहिए।	Suresh needs a new shirt.

6. को is used with the subject with a few conjunct verbs with होना:

उदाहरणः

पसंद होनाः मुझे यह गीत पसंद है।	I like this song.
मालूम होनाः क्या तुम्हें उसका फ़ोन नम्बर मालूम है?	Do you know his phone number?
पता होनाः इस शिक्षक का नाम हमें पता है।	We know the name of this teacher.

7. को is used with certain verbs with आना:

उदाहरणः

को आना (with a learned skill): उसे खाना बनाना आता है।	She knows how to cook.

याद आनाः हमें हर रोज़ इनकी याद आती है।	We miss them every day.
पसंद आनाः मुझे यह पुरस्कार पसंद आया।	I like this prize.

8. को is also used with transitive verbs when, in addition to a direct object, there is also an indirect object:

<u>उदाहरणः</u>

दिखानाः उन्होंने अपना घर (direct object) मुझे (indirect object) दिखाया।
They showed me their house.
सुनानाः शिवानी ने दर्शकों को (indirect object) एक लम्बी कविता (direct object) सुनाई।
Shivani read out a long poem to the audience.
डरानाः बड़े भाई ने छोटी बहन (indirect object) को डराया।
The elder brother scared the younger sister.

देनाः इन लोगों ने स्कूल को (indirect object) कुछ पैसा दिया।
These people gave some money to the school.

जाननाः यह पड़ोसी को (indirect object) जानता है।	He knows the neighbor.
मिलनाः इसे (indirect object) एक अच्छी नौकरी मिली।	S/he found a good job.
बतानाः सुधीर ने माँ को (indirect object) सब कुछ बताया।	Sudhir told mom everything.

9. को is always used with days of the week to indicate "on:"

<u>उदाहरणः</u>

शनिवार को राज शतरंज खेलता है।	On Saturday, Raj plays chess.
रविवार को वह आराम करता है।	On Sunday, he rests.
सोमवार को वह जल्दी उठता है।	On Monday, he gets up early.

10. It is used with sections of the day:

<u>उदाहरणः</u>

दोपहर को हमें साग और मक्की की रोटी पसंद है।	In the afternoon, we like spinach and corn chapatis.
शाम को मधु को चाय अच्छी लगती है।	In the evening, Madhu likes tea.

रात को वह साढ़े दस बजे सोती है।	At night, she sleeps at 10:30.

11. को is also used with dates:

उदाहरणः

इक्कीस जून को यहाँ बहुत गर्मी थी।	On the 21st of June, it was very hot here.
एक जनवरी को सभी नया साल मनाते हैं।	On the first of January, everyone celebrates the New Year.
बाल दिवस किस तारीख को है?	On which date is Children's Day?

NOTE: Tastes covered in Section 2 of Chapter 1: The Oblique Case: Singular & Plural also take को.

Summary

Here is a brief summary of the different uses of को covered in this chapter:

1. Used with adjectives and the verb लगना
2. Used with other physical experiences like hunger, thirst, etc. with the verb लगना
3. Used with physical illnesses and emotions
4. Used with the verb चाहना
5. Used with the subject and चाहिए to express a need
6. Used with the subject with a few conjunct verbs with होना. Ex: पसंद होना, मालूम होना, पता होना
7. Used with certain verbs with आना. Ex: को आना, याद आना, पसंद आना
8. Used with transitive verbs when, in addition to a direct object, there is also an indirect object. Ex: दिखाना, सुनाना, डराना, देना, जानना, मिलना, बताना
9. Used with days of the week to indicate "on:"
10. Used with sections of the day
11. Used with dates

<u>अभ्यास:</u>

ख़ाली जगह लगना के साथ भरिए:

1. When did you get hungry & thirsty yesterday? कल तुम्हें कब भूख और प्यास

   ________________?

2. What do you like to do in your spare time? ख़ाली समय में आपको क्या करना अच्छा

   _________________ ?

3. I am feeling the sun(light). मुझे धूप ________________ I

4. He felt scared in the jungle. उसे जंगल में डर ________________ I

5. She feels cold (regularly). उसे ठंड _____________________ I

6. Did the football player get hurt yesterday? क्या फ़ुटबाल के खिलाड़ी को कल चोट

   _______________?

7. Everyone feels hot in the summer. गर्मी में सबको गर्मी ___________________ I

What is your weekly routine? आपकी साप्ताहिक दिनचर्या क्या है?

सोमवार____

मंगलवार____

बुधवार____

गुरुवार_____

शुक्रवार_____

शनिवार_____

रविवार_____

What do you like to eat and drink from morning till night? सुबह से रात तक आपको क्या खाना-पीना पसंद है?

सुबह_____

दोपहर को_____

शाम को_____

रात को_____

अनुवाद कीजिए:

1. They found these books to be fun.

_____

2. Some people find driving a car to be easy.

_____

3. She loves her husband (use चाहना).

_____

4. I like learning new languages.

_____

5. You need to finish the work on time.

_____

6. Do you the address of the school?

_____

7. The teacher had a cold and fever yesterday.

_____

8. I miss (to miss: की याद आना) you.

_____

9. Do you know how to fly a kite (पतंग f. उड़ाना)?

_____

ठीक या ग़लत?

उस ने मुझे अपनी कहानी सुनाई।   ठीक या ग़लत?

रास्ते में बच्चे को गिरे हुए पैसे मिले।   ठीक या ग़लत?

उन्होंने अपनी सभी गाडियाँ शौक से हमें दिखाईं।   ठीक या ग़लत?

वह पारुल के सारे परिवार को जानता है।   ठीक या ग़लत?

इनको उनका पता बताओ।   ठीक या ग़लत?

Section 2

Below are some examples of real-life applications of the uses of को we learned in this chapter to further practice culture, reading, speaking and listening skills.

संस्कृतिः

As we learned in the chapter, को is used with dates in Hindi. Each year, there are many important and culturally significant festivals celebrated in India. On which dates are these Indian festivals this year?

इस साल, ये भारतीय पर्व किस तारीख़ को हैं?

1. गणतंत्र दिवसः _____

2. लोहड़ीः _____

3. पोंगलः _____

4. महाशिवरात्री: _____

5. होली: _____

6. बैसाखी: _____

7. रक्षाबंधन: _____

8. स्वतंत्रता दिवस: _____

9. दिवाली: _____

10. ईद: _____

11. रमज़ान: _____

12. गुरु पर्व: _____

13. बड़ा दिन: _____

पढ़ने का अभ्यास

What one ought to, should or need to do requires the use of को with चाहिए. What should you or need to do to be successful at the university?

आपको विश्वविद्यालय में सफ़ल होने के लिए क्या करना चाहिए?

विश्वविद्यालय में सफ़ल होने के लिए आपको शिक्षकों का कहा सुनना और मानना चाहिए। अपना सब पढ़ने व लिखने का काम समय पर करना चाहिए। कुछ वक्त दोस्तों के लिए भी निकालना चाहिए। साथ ही, परिवार के साथ समय भी बिताना चाहिए। विश्वविद्यालय के दिनों में आप को काम और मज़ा दोनों करने चाहिए क्योंकि यह समय अमूल्य है और दोबारा नहीं आएगा।

लिखने का अभ्यास

Express your thoughts. What else do you need to or should do to be successful at the university?

विषयः अपने विचार प्रकट कीजिए। आपको विश्वविद्यालय में सफ़ल होने के लिए और क्या करना चाहिए?

_____

_____

_____

_____

विषयः किसी कहानी को अपने शब्दों में बताइएः

- उस कहानी का क्या नाम है?
- उस में कौन-कौन है?
- उस में क्या हुआ?
- आपको क्या अच्छा लगा? क्या नहीं?
- क्या आप कुछ बदलना चाहेंगे?

_____

_____

_____

_____

_____

_____

_____

बोलने का अभ्यास

Speaking topic: Activities in your free time

What activities do you like or do not like to do in your free time?

विषयः फ़ुरसत में आपको क्या-क्या करना पसंद और नापसंद है?

Use the different types of को while responding to this prompt. Below is an example:

मुझे फ़ुरसत में पत्रिका पढ़ना पसंद है, पर मुझे अक्सर समय नहीं मिलता। मुझे गाड़ी में घूमना पसंद है और यह मैं लगभग हर रोज़ करती हूँ। मैंने मुक्केबाज़ी कभी नहीं की। मुझे कढ़ाई करना या बुनना नहीं आता। मुझे मछली पकड़ना ऊबाऊ लगता है। मुझे तलवारबाज़ी या गोताखोरी से डर लगता है। बचपन में मैंने घुड़सवारी की थी क्योंकि मेरे पिता को यह पसंद थी। जब मैंने पहली बार शिविर लगाया था, तो मुझे पसंद नहीं था, और अब भी पसंद नहीं है। आजकल मुझे दोपहर को धूप में समुद्र तट पर सैर करना अच्छा लगता है।

सुनने का अभ्यास

Perhaps almost all Bollywood songs have को. Below are the lyrics of a song that has को. Fill in the blanks while listening to this song:

"धीरे-धीरे से मेरी ज़िन्दगी में आना"

फ़िल्म: *आशिकी* (1990)

कुछ शब्दार्थ:

चुराना: to steal

जान-ए-जाना: beloved

जबसे: since

के सिवा: aside from

साजन: beloved

दीवाना: crazy

अक्सर: often

जगाना: to wake someone up

बेशक: without a doubt

अदा: style

शर्माना: to hesitate, feel shy

ख़ाली जगह भरिए:

धीरे-धीरे से मेरी ज़िन्दगी में _____

धीरे-धीरे से मेरे _____ को चुराना

तुमसे प्यार हमें _____ है जान-ए-जाना

तुमसे मिलकर तुमको है _____(2)

जबसे तुझे देखा दिल को कहीं _____ नहीं

मेरे होंठों पे इक तेरे सिवा कोई _____ नहीं

अपना भी _____ तुम्हारे जैसा है साजन

बस _____ तुझे करती हूँ और कोई काम नहीं

बन गया हूँ मैं तेरा दीवाना

धीरे-धीरे से दिल को चुराना

तूने भी अक्सर मुझको जगाया _____ में

और नींद चुरायी मीठी-मीठी _____ में

तूने भी बेशक _____ कितना तड़पाया

फिर भी तेरी हर एक अदा पे प्यार आया

आजा-आजा अब _____ शर्माना

धीरे-धीरे से दिल को चुराना

You can also hear other examples of Bollywood songs that have different uses of को:

1. "अच्छा लगता है" फ़िल्मः आरक्षण (2011)
2. "चाहता कितना तुमको दिल" फ़िल्मः शपित (2010)
3. "जो तुमको हो पसंद" फ़िल्मः सफ़र (1970)

शब्दार्थ

इस अध्याय में आपके द्वारा सीखे गए नए शब्दों की सूची बनाएँ:

_____

_____

_____

_____

_____

_____

_____

Chapter 6: THE AUXILIARY VERBS सकना, पाना और चुकना

Section 1

There are three commonly used auxiliary verbs in Hindi: सकना, पाना और चुकना. They have the following meaning:

सकना: can, to be able to

पाना: to obtain, to manage to

चुकना: having already completed an action

These three auxiliary verbs are used together with the stem of the main verb and cannot be used by themselves, though they are modified based on the number and gender of the subject. These are also intransitive in their auxiliary forms.

<u>सकना</u>

सकना, the equivalent of "can or to be able to" is used in all tenses, except the continuous or progressive.

<u>उदाहरणः</u>

वह आसानी से खाना बना सकती है।	She can cook easily.
यह काम हम समय पर कर सकते थे।	We could have done this work on time.
विद्यार्थी परीक्षा के लिए तैयारी कर सके।	Students were able to prepare for the exam.
वे लोग तुम्हारी मदद नहीं कर सकेंगे।	Those people will not be able to help you.

<u>अभ्यासः</u>

ख़ाली जगह भरिए:

1. आज आप कितना _____________________ (were able to run)?

2. हम यह भारतीय फ़िल्म _________________________ (will be able to see).

3. वह बाँसुरी _____ (can play).

4. यह गुब्बारा _____ (can burst: फ़टना)

5. बाहर पड़ा हुआ सामान बारिश में _____(can get wet, भीगना: to get wet).

अनुवाद कीजिए

1. Can that foreign car be fixed (ठीक होना)?

_____

2. He will be able to learn a new language easily.

_____

3. They cannot stop you.

_____

4. Would you be able to send me those Hindi books?

_____

5. I cannot go there today.

_____

Some adjectives of amount are also used with the auxiliary verbs of ability:

This/that much: इतना (m.), इतनी (f.), इतने (m.pl.)

A little bit: थोड़ा-सा, थोड़ी-सी, थोड़े-से

A lot: बहुत सारा, बहुत सारी, बहुत सारे

उदाहरण:

मैं इतना काम आज नहीं कर सकती।	I cannot do this much work today.
तुम इतने पृष्ठ याद कर सकते हो?	Can you memorize these many pages?
बीमारी के कारण, वे थोड़े-से चावल खा सके।	Because of the illness, they could only eat a little bit of rice.
वे बहुत सारी किताबें खरीद सके।	They were able to buy a lot of books.

पाना

पाना means "to obtain, get or receive." The second meaning of पाना is also "to be able to" though it differs significantly from सकना in that it has the sense of being unable to do something even after due diligence, usually because of external circumstances beyond one's control. The closer meaning is "to manage to," given the hardships.

उदाहरण:

दर्द के कारण वह पलंग से नहीं उठ पाया।	Because of pain, he was unable to get up from the bed.
क्या वे ये सब कपड़े बेच पाएँगे?	Would they manage to sell all these clothes?
वह गृहकार्य एक घंटे में नहीं ख़त्म कर पाती।	She is unable to finish the homework in one hour.
तकनीकी कठिनाई की वजह से हम आपको फ़ोन नहीं कर पाए।	Because of technical difficulty, we were unable to call you.
काफ़ी कोशिशों के बाद इसे यह नौकरी मिल पाई।	After many efforts, he managed to get this job.

अभ्यास

ख़ाली जगह भरिएः

1. गर्मी की वजह से हम ज्यादा चाय _____ (are not able to drink).

2. वह तेज़ चलती हुई बस _____ (was not able to catch: पकड़ना).

3. क्या इस गंभीर स्थिति (serious situation) में मरीज डाक्टर को _____ (have been able to call)?

4. लेखिका इतनी जल्दी उपन्यास (novel) _____ (will not be able to write).

5. कई बार ख़राब मौसम के कारण, हवाई जहाज़ समय पर _____ (is not able to arrive on time).

अनुवाद कीजिए:

1. I will not be able to wait.

_____

2. They were not able to ask about that.

_____

3. Will we be able to sell so fast?

_____

4. Children are not able to return the books.

_____

5. In this much noise, she was not able to hear them.

_____

6. We managed to arrive on time.

_____

7. He managed to buy a lot of things

_____

8. Because of the noise, they did not manage to study.

_____

चुकना:

चुकना means having already completed an action in the main verb stem. Sometimes, it also contains a shade of not immediately wanting or needing to repeat that action, now that it is already done.

उदाहरण:

मैं यह शहर घूम चुकी हूँ।   I have already roamed this city.

हम उसे डाकघर दिखा चुके हैं।   We have already shown him the post office.

ये कपड़े धुल चुके हैं।   These clothes have already been washed.

उनकी गाड़ी ठीक हो चुकी है।   Their car has already been fixed.

वे ये सब भूल चुके हैं।   They have already forgotten all this.

अभ्यास

खाली जगह भरिएः

1. क्या आप यह सवाल _____ (have already understood)?

2. जल्दी चलिए, नाटक (drama) _____ (has already started).

3. हम नहाकर _____ (have already had breakfast).

4. नेता जी पहले चुनाव (election) में _____ (have already stood).

5. मैं यह कई बार _____ (have already said).

अनुवादः

1. I have already become tired.

_____

2. He has already tried many times.

_____

3. They have already woken up.

_____

4. We have already saved enough money.

_____

5. They must have already reached India by now.

_____

चुकना के साथ ये वाक्य दोबारा लिखिए:

1. मेरे पिताजी अख़बार पढ़ रहे हैं।

_____

2. क्या तुमने वह फ़िल्म देखी?

_____

3. मैंने भाषण दिया।

_____

4. वह बच्चों को कहानी सुनाती है।

_____

5. हम कल तक यह कमरा साफ़ करेंगे।

_____

Section 2

Below are some examples of real-life applications of the auxiliary verbs सकना, पाना और चुकना we learned in this chapter to further practice culture, reading, speaking and listening skills.

संस्कृति

From the Bollywood films of sixties to the nineties, auxiliary verbs सकना, पाना और चुकना occurred often in the dialogs. Here are examples of prototypical Bollywood film dialogs that use the auxiliary verbs:

"काश कि मैं तुम्हारी हो सकती!"
"मैं बेटा होकर भी तुम्हें कोई सुख नहीं दे पाया।"
"पिता जी के चले जाने के बाद वह टूट चुका था।"
"मैं उसे न बचा सका।"
"तुम तब जा चुके थे।"

पढ़ने का अभ्यास

As we learned in this chapter, something you have already done can be expressed using the auxiliary verb चुकना: भारत या अमरीका के बाहर आप कौन-कौन से शहर घूम चुके हैं?

भारत और अमरीका के बाहर मैं लंदन जा चुकी हूँ। कुछ दिनों के लिए मैं अपने परिवार के साथ गई थी। वहाँ बहुत बारिश हो रही थी। घर व इमारतें काफ़ी छोटी लग रही थी, पर हमने बहुत नयी जगह देखीं जैसे बिग बैन, वैस्मिन्सटर ऐबी आदि। लंदन एक महानगर है इसलिए लोग और पर्यटक बहुत मिलेंगे। यह एक दिलचस्प अनुभव था।

लिखने का अभ्यास

भारत या अमरीका के बाहर आप कौन-कौन से शहर घूम चुके हैं? इसके बारे में लिखिए।

_____

_____

_____

_____

_____

बोलने का अभ्यास

विषय: आजकल आप क्या आसानी से कर पा रहे हैं और क्या विशेष कर सकते हैं?

कुछ देर सीखने के बाद आप क्या नया कर सकेंगे?

Use सकना and पाना while responding to this prompt. Below is an example

आजकल मैं आसानी से लिख पा रही हूँ। आमतौर पर मुझे थकान होती है या समय की कमी पर इन दिनों मुझे लिखने में मज़ा आ रहा है। विशेष यह है कि मैं बहुत मील गाड़ी चला रही हूँ। एक समय था कि मैं गाड़ी चलाने से घबराती थी क्योंकि ज़्यादा अभ्यास नहीं था। परन्तु अब मैं लगभग हर रोज़ 70 मील गाड़ी चलाती हूँ और इसमें मुझे बहुत ही आनंद मिलता है। मैं इतालवी भाषा सीखना चाहती हूँ। मुझे लगता है कि कुछ सीखने के बाद मैं इस नयी भाषा में कुछ बातचीत कर सकूँगी।

विषय: "Bucket list" बताइए आप अपनी "बकेट लिस्ट" से कौन-सी पाँच चीज़ें कर चुके हैं?

उदाहरण: मैं हिंदी का पहला साल ले चुका हूँ, भारत जा चुका हूँ, ...

सुनने का अभ्यास

Many Bollywood songs use the auxiliary verbs सकना, पाना और चुकना. Below are the lyrics of such a song. Fill in the blanks with the lyrics while listening to this song:

"हम दिल दे चुके सनम"

फ़िल्म: हम दिल दे चुके सनम (1999)

हम दिल दे चुके सनम

तेरे हो गये हैं हम

तेरी कसम

हम दिल दे _____ सनम

तेरे हो गये हैं

ये दुनिया करे सितम (atrocities)

तुझपे मिटेंगे हम तेरी कसम

हम दिल दे चुके सनम

तेरे हो गये हैं हम

तेरी कसम

उम्मीदें (hopes) तुम्हीं से हैं मेरे सनम

थामा (grasped) है तुम्हारा ही ये दामन

_____ कभी न अब तुम्हें हम

हम दिल दे चुके सनम

तेरे हो गये हैं हम

तेरी कसम

तेरी यादों के साये (shadow) में

गुज़रेगी ये ज़िन्दगी

उस खुदा के बाद तो

पूजा होगी बस तेरी

चाहे जो माँग लो सब तुम्हारा है

हम दिल दे चुके सनम

तेरे हो गये हैं हम

तेरी कसम

You can also hear other examples of Bollywood songs that use the auxiliary verbs:

1. "बिछड़न" फ़िल्मः Son of Sardar (2012)

2. "तुमको देखा तो ये ख्याल आया" फ़िल्मः साथ-साथ (1982)

3. "दिल जो ना कह सका" फ़िल्मः भीगी रात (1965)

शब्दार्थः

इस अध्याय में आपके द्वारा सीखे गए नए शब्दों की सूची बनाएँ:

_____

_____

_____

_____

_____

_____

Chapter 7: THE ITERATIVE
Section 1

The iterative is used to indicate the regularity of an action. Though the present habitual tense can be used to express regularity or habitual action, the benefit of using the iterative is that it also includes future regularity for something one plans to do in a habitual way, not just the present and past as is the case with the present habitual tense.

To form the iterative, the perfect participle of a verb in masculine singular is used with the conjugated form of the verb करना (based on the number and gender of the subject). The iterative is used in all tenses and the imperative.

उदाहरणः

वे लोग हर रोज़ मिला करते थे।	Those people used to meet every day.
क्या तुम दफ़्तर जाने से पहले कसरत किया करते हो?	Do you exercise before going to the office?
गर्मी की छुट्टियों में हम एक साथ घूमा करेंगे।	In the summer holidays, we will "go out" (roam) together.
माँ कहती है कि तुम दान ज़रूर दिया करो।	Mother says that you should certainly donate.
रात को वे समाचार सुना करते हैं।	At night, they listen to the news.

Note: The iterative form for the verb जाना is जाया not गया।

अभ्यासः

खाली जगह भरिएः

1. तुम लोग माँसाहारी खाना _____ (used to eat).

2. हम रात को मिलकर _____ (will go for a stroll: सैर करना)

3. वे लोग कभी-कभी मंदिर _____ (used to go).

4. आप नाई से अपनी दाढ़ी नहीं _____ (have it made)?

5. बचपन में ये बच्चे पेड़ पर _____ (used to climb: चढ़ना).

अंग्रेज़ी में अनुवाद कीजिएः

1. मैं देर से सोया करती हूँ।

_____

2. यह दुकान यहाँ नहीं हुआ करती थी।

_____

3. वह हमेशा मेरे लिए कुछ न कुछ लाया करती थी।

_____

4. तुम परीक्षा से पहले खूब पढ़ा करो।

_____

5.मैं हर रोज़ लिखा करूँगी।

_____

हिन्दी में अनुवाद कीजिएः

1. From today, we will often speak in Hindi.

_____

2. I will come to meet you in the holidays.

_____

3. Exercise every day.

_____

4. He plays cricket on Sundays.

_____

5. Please take this medicine daily.

_____

6. Those students used to meet on campus.

_____

7. Every day he goes to the office by car.

_____

8. I always talk with my brother in Hindi.

_____

Iterative का इस्तेमाल करते हुए इन वाक्यों को बदलिए:

1. यहाँ जनवरी में बहुत बारिश होती है।

_____

2. इस देश में औरतें दुपट्टा नहीं लेती।

_____

3. हम रोज़ शाम को पुस्तकालय में पढ़ेंगे।

_____

4. बचपन में मैं इस बाग़ में खेलता था।

_____

ठीक है या ग़लत:

You should do your own work.

तुम अपना काम अपनेआप किया करो।　　　　　　ठीक / ग़लत

Please read and write Hindi every day.

आपको रोज़ हिंदी पढ़ा और बोला करें।　　　　ठीक / ग़लत

We used to drink coffee in this shop.

हम इस दुकान में काफ़ी पिया करेंगे।　　　　ठीक / ग़लत

They read the newspaper every day.

उन्हें हर रोज़ अख़बार पढ़ना चाहिए।　　　　ठीक / ग़लत

He goes to the office in the morning.
वह सुबह दफ़्तर जाया करता है।　　　　ठीक / ग़लत

Section 2

Below are some examples of real-life applications of the iterative we learned in this chapter to further practice culture, reading, speaking and listening skills.

संस्कृतिः

Within the Hindi speaking world, the iterative is often used to give advice to children or younger adults. Here are a few classic examples:

1. माता-पिता का कहना माना करो।
2. मन लगाकर पढ़ा करो।
3. ध्यान से, दोनों तरफ़ देखकर सड़क पार किया करो।
4. अजनबी लोगों से बार मत किया करो।
5. सुबह समय पर तैयार हुआ करो।

पढ़ने का अभ्यासः

Descriptions of the recurring weather, ongoing traffic conditions, general population and regular schedule of a place have the iterative:

यहाँ पर नवम्बर से अप्रैल तक ठंड हुआ करती है। मई से सितम्बर तक गर्मी रहा करती है। नवम्बर या जनवरी में बरसात हुआ करती है। सुबह काम पर जाते समय व काम से आते समय भारी ट्रैफ़िक हआ करता है। लोग बहुत अच्छे व मिलनसार हुआ करते हैं पर अक्सर व्यस्त रहा करते हैं। आमतौर पर सारा घर और बाहर का काम लोग खुद ही किया करते हैं तो सब के पास ज़्यादा समय नहीं हुआ करता। फ़िर भी, लोग सप्ताहांत में परिवार के साथ कुछ मज़ा और आराम किया करते हैं।

लिखने का अभ्यास

विषयः Iterative का उपयोग करके अपने नगर या किसी अन्य स्थान का वर्णन करें। मौसम, यातायात, और लोग कैसे है?

_____

_____

_____

_____

_____

विषयः Iterative इस्तेमाल करते हुए बताइए इस विश्वविद्यालय के भविष्य के छात्रों को आप क्या सलाह देंगे?

_____

_____

_____

_____

_____

बोलने का अभ्यास

The iterative is often used to express nostalgia or to reminisce in Hindi. Talk about a sweet memory from your childhood using the iterative. Below is an example:

बोलने का विषय: बचपन की एक याद

बचपन की गर्मी की छुट्टियों की मीठी यादें अभी तक साथ हैं। हम सभी "कज़िन" भाई बहन मिलकर खूब खेला करते थे। हम इतना खेलते थे कि खाना पीना सब भूल जाया करते थे। आपस में कभी लड़ा करते थे तो कभी ज़ोर-ज़ोर से हँसा करते थे। बहुत शोर भी किया करते थे, पर नाना नानी के घर खेलने के लिए जगह बड़ी थी तो बड़ों को परेशानी कम हुआ करती थी। विद्यालय का गृहकार्य करने का मन नहीं हुआ करता था पर किसी तरह थोड़ा कर लिया करते थे। चॉकलेट, मिठाई, व गोलगप्पे भी खूब खाया करते थे।

सुनने का अभ्यास

Many Bollywood songs use the iterative. Below are the lyrics of a song that has the iterative. Fill in the blanks while listening to this song:

"अकेली न बाज़ार जाया करो"

फ़िल्मः मेजर साहब (1998)

अकेली न बाजार _____करो

नज़र लग जाएगी

सबकी नज़र में न _____ करो

नज़र लग जाएगी

Stanza repeats

समझो ज़रा बात मेरी जनाब

बजरिया में सबकी नजरिए खराब

नज़र लग जाएगी (2)

अकेली न बाजार जाया करो...

तुम आइना (mirror) जो देखो

वो भी _____ के देखो

तुम आईना जो देखो

वो भी संभल के देखो

चंचल-सा मन तुम्हारा

न फांस ले (to trap) तुम्हीं को (2)

दर्पण (mirror) से खुद को ___________ करो

नज़र लग जाएगी (2)

अकेली न बाजार जाया...

ओ, पतझड़ (autumn) हो या हो सावन (late summer)

हो बसंत (spring) या बहार (2)

तेरे रूप का नज़ारा

देता मुझे क़रार (2)

न झटका के ज़ुल्फें (hair)__________ करो

नज़र लग जाएगी (2)

अकेली न बाजार जाया करो...

मैंने तुमसे ये कहा था

मुझे साथ ले के चलना (2)

तुमने भी यही बोला

हाँ साथ ही है चलना (2)

वादा (promise) किया तो _____________ करो

बात बन जाएगी (2)

अकेली न बाजार जाया करो...

दीवाना करदोगी दुनिया को तुम

अगर बात मेरी न ___________ तुम

नज़र लग जाएगी (3)

You can also hear other examples of Bollywood songs that use the iterative:

1. "जुम्मे के जुम्मे घर आया करो" Mr. & Mrs. Khiladi (1997)
2. "जाने क्यूँ लोग मुहब्बत किया करते हैं" फ़िल्मः महबूब की महँदी (1971)
3. "देखो रूठा न करो" फ़िल्मः तेरे घर के सामने (1968)

<u>शब्दार्थः</u>

इस अध्याय में आपके द्वारा सीखे गए नए शब्दों की सूची बनाएँ:

____

____

____

____

____

____

____

Chapter 8: THE PASSIVE VOICE
Section 1

The example below illustrates the difference between active and passive voices:

Active: पुलिस ने चोर को पकड़ा।   The police caught the thief.

Passive: चोर पकड़ा गया।   The thief was caught.

While in the active voice, the doer (पुलिस) is clearly indicated, in the passive, the doer is not mentioned, only the action is reported. This is because in the passive voice, the doer is either unknown, not important or well-known.

The passive in Hindi is formed by using the perfect participle of the main verb and passive of जाना. The perfect participle of the main verb agrees with number and gender of the subject while the passive of जाना agrees with the number, gender and tense of the sentence.

As the examples below indicate, the passive occurs in most tenses.

उदाहरणः

यहाँ पर गाड़ियाँ ठीक की जाती हैं। (present/imperfect)   Cars are fixed here.

यहाँ पर गाड़ियाँ ठीक की जाती थीं। (past habitual)   Cars were fixed here.

यह गाड़ी ठीक की गई (है/थी)। (perfective)   This car was fixed (has/had been).

यह गाड़ी रविवार को ठीक की जाएगी। (future)   This car will be fixed on Sunday.

शायद यह गाड़ी आज ठीक की जाए। (subjunctive-probability)   Perhaps this car will be fixed today.

आज यह गाड़ी ठीक की गई होगी। (presumptive)   This car may have been fixed today.

हो सकता है कि यह गाड़ी ठीक की गई हो। (subjunctive-possibility)   It is possible that this car may have been fixed.

यह गाड़ी ठीक की जानी चाहिए (थी)। (compulsion with चाहिए)

This car should be/ought to be/needs to be fixed (should have been/ought to have been/needed to have been)

जानवर को डाक्टर के पास ले जाया जाना पड़ा। (compulsion with पड़ना)   The animal had to be taken to the doctor.

The special case for जाना:

When the verb जाना & the auxiliary of जाना are used together, instead of गया, गई, गए, जाया, जाई or जाए is used in the main verb (except in the subjunctive where it is used in both the main and auxiliary verbs). Below are some examples.

उदाहरणः

हर रोज़ दिल्ली नहीं जाया जाता।
कल दिल्ली जाया जाएगा।
शायद दिल्ली जाया जाए।
परसों दिल्ली जाया गया।
दिल्ली जाया जाना चाहिए।

अभ्यासः

ख़ाली जगह भरिएः

1. इस राज्य में कोयला _____ है।   Coal is found in this province.

2. इस क्षेत्र में गेहूँ _____ थी।   In this area, wheat was grown.

3. घर का सामान _____ है।   Goods for the home are being bought.

4. कल की तैयारी _____ थी।   The preparation for tomorrow was being made.

5. चाय कल सुबह _____ ।   Tea will be made tomorrow morning.

6. पिछले साल यहाँ पर स्वचालित गाड़ी _____ ।   Last year, a self-driving car was driven here.

7. उनको संदेश _____ है।　　　　The message has been sent to them.

8. ठीक दाम नहीं _____ था।　　　　The right price had not been set (use लगाना).

9. क्या आज किताबों की दुकान _____?　　Shall we go to the bookstore today?

10. यह कल तक _____ चाहिए।　　　This ought to be/should be/needs to be
done by tomorrow.

Intransitive verbs in passive voice

Though transitive verbs are more common in the passive, intransitive verbs are also used:

उदाहरण

सेना में समय पर उठा व सोया जाता है।
हवाई जहाज़ में आरक्षित सीट पर बैठा जाता है।

Using the intransitive auxiliary verb सकना with the passive indicates the ability for something to happen:

एक समझौता किया जा सकता है।　　　　　A compromise could be done.
यह पुल यहाँ पर भी बनाया जा सका।　　　　This bridge could also be constructed here.
बारिश के बावज़ूद खेला जा सकेगा।　　　　Despite the rain, it will be possible to play.

Adding the doer in the passive voice:

Within the passive, the doer is added in Hindi by using के द्वारा (by, by the agency of), के हाथों (by the hands of) or से (by):

उदाहरण

यह तकनीक उन लोगों से बनवाई गई थी।	This technology was made by those people.
लेखिका (के) द्वारा इस सवाल का जवाब पूछा गया।	The answer to this question was asked by the writer.
उद्घाटन मंत्री जी के हाथों किया गया था।	The inauguration was done by the hands of the minister.

The negation of the passive with से indicates a lack of capacity of the doer in some way:

इतना सारा खाना उससे नहीं खाया गया।	This much food was could not be eaten by him/her.
यह मुझसे नहीं पिया जाएगा।	This won't be drunk by me.
उन से इतनी जल्दी यह सब नहीं किया गया।	All this could not be done by them so fast.

अभ्यासः

ख़ाली जगह भरें:

1. मरीज से ज़्यादा देर _____।   The patient was unable to be seated for too long.

2. यह शुभ काम पंडित जी के हाथों _____ । This auspicious work should be done by the pundit ji's hands.

3. इनसे इतना भार नहीं _____ । This much weight will not be lifted by them.

4. उससे रात को _____ ।   S/he was unable to sleep last night.

5. पत्रकार के द्वारा यह ख़बर पहुँचाई गई।   The news was made to reach by the journalist.

Verbs that take को with the subject also do that in the passive:

इनको इस अपराध की सज़ा दी जाए।	They should be punished for this crime.
आपको अंदर बुलाया गया है।	You have been called inside.
उनको पैसा वापस किया गया।	The money was returned to them.

<u>The unique case of Hindi passive</u>

As you might recall from the chapter on transitive, intransitive and causative verbs, there are intransitive and transitive verb pairs in Hindi.

Intransitive/Passive	Transitive/Passive
बनना	बनाना
पकना	पकाना
उबलना	उबालना
कटना	काटना
फ़टना	फ़ाड़ना
रुकना	रोकना
खुलना	खोलना
टूटना	तोड़ना
बिकना	बेचना

Both the transitive and intransitive verbs can be used in the passive. This means that Hindi has two passives that have the same or similar English translation:

खाना पक गया।	The food was cooked.
खाना पकाया गया।	The food was cooked.
खिलौना बिक गया।	The toy was sold.
खिलौना बेचा गया।	The toy was sold.

Though the translation is the same in English, in Hindi there is a subtle difference between the two passives. Sometimes Hindi speakers use the intransitive passive to indicate that the action happened without intention or by accident. The transitive passive is used to indicate that the action was intentional.

टैक्सी रुक गई।	The taxi stopped (by itself or without the intention of one of the doers).
टैक्सी रोकी गई।	The taxi was stopped (intentionally by a doer).
फ़ल पक गया।	The fruit got ripe (accidently, without intention).
फ़ल पकाया गया।	The fruit was ripened or cooked (intentionally).
दरवाज़ा खुल गया।	The door opened (without intention of the doer).
दरवाज़ा खोला गया।	The door was opened (with intention of the doer).

अनुवाद कीजिएः

1. The kite ripped (intransitive). The kite was ripped (transitive).

_____

2. The glass broke (intransitive). The glass was broken (transitive).

_____

3. The dal boiled (intransitive). The dal was boiled (transitive).

_____

4. The airplane flew (intransitive). The airplane was flown (transitive).

_____

5. The mango lassi was made (intransitive).   The mango lassi was made (transitive).

_____

इन वाक्यों को Passive voice में बदलिए:

1. मैं कल कपड़े ख़रीदूंगा।

    _____

2. लड़का खिड़की खोल रहा था।

    _____

3. उसने गाड़ी की मरम्मत की।

    _____

4. खाना पका।

    _____

5. हम यहाँ हिंदी पढ़ते हैं।

    _____

6. उन्होंने एक सुन्दर कविता लिखी।

    _____

अनुवाद कीजिएः

1.The hair will be cut by the hairdresser (नाई).

_____

2. A new shop is being built on that road.

_____

3. Shall we see that new Bollywood film?

_____

 4. The house has been decorated (सजाना).

_____

5. The birthday was celebrated inside that house.

_____

6. The big and beautiful cake had been cut.

_____

7. It will be fed to the guests.

_____

8.Shall we have some tea with the cake?

_____

9. The presents तोहफ़ा should have been given.

_____

10. It is possible that the gifts may be opened after the party.

_____

Section 2

Below are some examples of real-life applications of the passive voice we learned in this chapter to further practice culture, reading, speaking and listening skills.

संस्कृति

The passive voice is used in many public announcements, notices and speeches.
An airport announcement:

यात्रियों को सूचित किया जाता है कि Air India उड़ान नम्बर 203 की बोर्डिंग 20 मिनट में शुरू होगी।
An announcement in a court or legal proceedings:
वकीलों को पेश किया जाए।
Public notices:
Handrail का प्रयोग करते समय बच्चों का हाथ पकड़ा जाए।
यहाँ धूम्रपान न किया जाए।
From a public speech:
गरीबी का नामोनिशान इस देश से मिटा दिया जाएगा।

पढ़ने का अभ्यास

The passive voice is also used in reporting news or about a famous figure:

सुभाष चंद्र बोस एक स्वतंत्रता सेनानी थे जिंन्हें नेता जी भी कहा जाता है। महात्मा गाँधी के साथ-साथ नेता जी को एक शक्तिशाली स्वतंत्रता सेनानी व कांग्रेस पार्टी का एक अहम हिस्सा माना जाता है। अंग्रेज़ों से लड़ने के लिए उन के द्वारा जापान व जर्मनी से सहायता लेने की कोशिश भी की गई। वे चाहते थे कि ब्रितानी राज से लड़ने व जीतने के लिए एक शक्तिशाली हिन्दुस्तानी सेना बना दी जाए, तो उन्होंने आज़ाद हिन्द फ़ौज बनाई। उनके द्वारा जय हिन्द का नारा चलाया गया था जो आज भी प्रयोग किया जाता है।

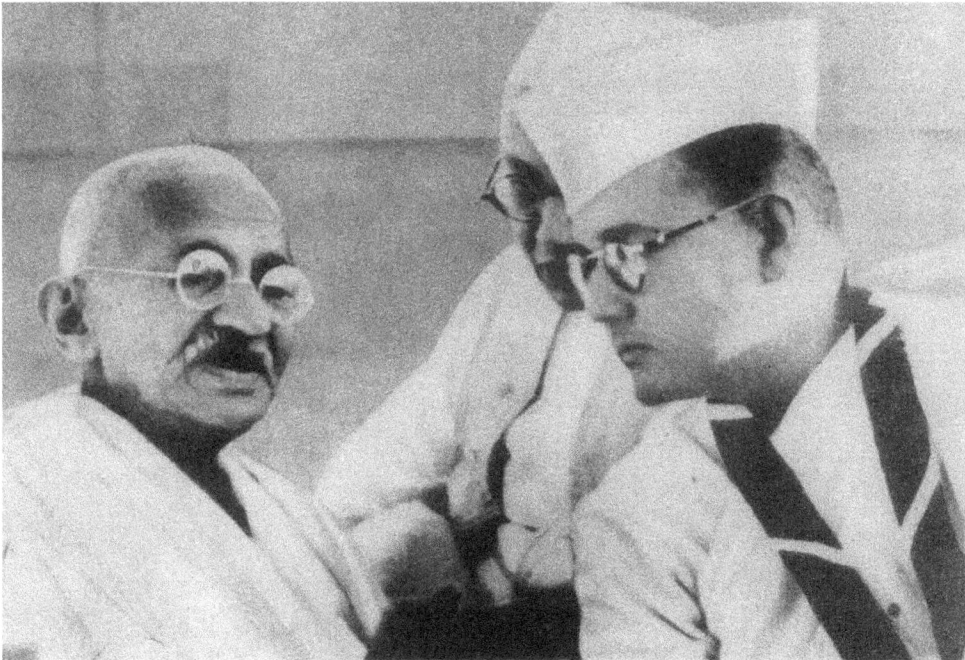

लिखने का अभ्यास

विषयः Report a news or share information about a famous figure using the passive voice.

_____

_____

_____

_____

विषयः Create an announcement, notice or speech using the passive voice.

_____

_____

_____

_____

बोलने का अभ्यास

बोलने का विषयः माना जाता है, माना जाता था, माना जाएगा कि...

आजकल क्या माना जाता है, पुराने समय में क्या माना जाता था और आनेवाले समय में क्या माना जाएगा?

It is/was/will be believed that...
Talk about what is believed nowadays, what used to be believed and what will people believe in the future. Use the passive voice while responding to this prompt. Below is an example:

विश्वास की बात करें तो यह माना जाता है कि अगर आप को छींक आए तो आपको कोई याद कर रहा है। यह भी माना जाता है कि अगर आपकी हथेली पर खुजली हो तो आपको पैसा मिलनेवाला है। पुराने ज़माने में माना जाता था कि पेड़ पौधे बोल व सुन सकते हैं। आनेवाले समय में यह माना जाएगा कि आम लोग दूसरे ग्रहों पर भी रह सकते हैं। हो सकता है कि माना जाए कि विवाह एक आवश्यक चीज़ नहीं है।

सुनने का अभ्यास

Many Bollywood songs use the passive voice. Below are the lyrics of a song that has the passive voice. Fill in the blanks while listening to this song:

"मुस्कुराने की वजह तुम हो"
फ़िल्मः Citylights (2014)

मुस्कुराने की वजह तुम हो

गुनगुनाने (humming) की वजह तुम हो

जिया _____ ना, जाए ना, जाए ना...

ओ रे पिया रे (2)

ओ रे लम्हे (moment) तू कहीं मत जा

हो सके तो उम्र भर _____ जा

जिया जाए ना, जाए ना, जाए ना...

ओ रे पिया रे... (2)

धूप आए तो, छाँव तुम लाना

141

ख्वाहिशों (wishes) की बारिशों में

भीग संग (together) _____ (2)

जिया जाए ना जाए ना जाए ना

ओ रे पिया रे... (2)

जो मिले उसमें काट लेंगे हम

थोड़ी खुशियाँ थोड़े आँसू बाँट

(share) लेंगे हम (2)

जिया जाए ना जाए ना जाए ना

ओ रे पिया रे... (2)

मुस्कुराने की वजह तुम हो

गुनगुनाने की _____ तुम हो

जिया जाए ना, जाए ना, जाए ना

ओ रे पिया रे... (2)

You can also hear other examples of Bollywood songs that use the passive:

1. "इस दुनिया में प्रेम ग्रंथ" फ़िल्मः *प्रेम ग्रंथ* (1996)
2. "मार दिया जाए या छोड़ दिया जाए" फ़िल्मः *मेरा गाँव, मेरा देश* (1971)

शब्दार्थ

इस अध्याय में आपके द्वारा सीखे गए नए शब्दों की सूची बनाएँ:

_____

_____

_____

_____

_____

_____

_____

Chapter 9: CONJUNCTIONS: COORDINATING & SUBORDINATING
Section 1

Coordinating Conjunctions

Coordinating Conjunctions are used to join two sentences or clauses. Below are some commonly used coordinating conjunctions with an example:

1. AND: और (informal), तथा, व, एवं (more formal)

इस वर्ष चावल तथा मक्की की फ़सल में बढ़ोतरी हुई।   This year, there was an increase in the harvest of rice and corn.

छात्र एवं शिक्षक दोनों आमंत्रित हैं।   Both the teacher and students are invited.

यहाँ मंगलवार व गुरुवार को दवाइयाँ मुफ़्त दी जाती हैं।   Medicines are given here for free on Tuesdays and Thursdays.

2, OR: या

मैं कल राष्ट्रपति भवन या लाल किला देखने जाऊँगा।   I will go see the Rashtrapati Bhavan (the President's House) or the Red Fort tomorrow.

3. ALSO: भी

श्यामा भी इनकी बेटी है।   Shyama is also their daughter.

4. NEITHER... NOR: न... न

आजकल न सूती कपड़े सस्ते हैं न रेशम के।   These days, neither the cotton nor the silk clothes are cheap.

5. WHETHER... OR: चाहे... चाहे/EITHER: या, या... या

चाहे दिन हो या रात, इसको हमेशा काम होता है।   Whether it is morning or night, he/she always has work.

या तुम उसे बुलाओ या मुझे बुलाने दो।   Either you call him/her over or let me.

6. OTHERWISE, OR ELSE: नहीं तो, वरना

आपको स्वस्थ भोजन खाना चाहिए वरना सेहत और ख़राब होगी।   You should eat healthy food otherwise your health will deteriorate.

जल्दी चलो नहीं तो हमें देर हो जाएगी।   Move fast or else we will get late.

7.   BUT: पर, परन्तु, किन्तु, मगर, लेकिन

प्रतिभा ने बहुत कोशिश की परन्तु वह परीक्षा में उत्तीर्ण न हो सकी।   Pratibha tried a lot, however she was not able to pass the exam.

वह बूढ़ा है, पर आप तो जवान हैं।   He is old, but *you* are young.

कल बहुत गर्मी थी, लेकिन आज मौसम अच्छा है।   Yesterday it was very hot, but today the weather is good.

8.   BUT RATHER: बल्कि

यहाँ खाना मसालेदार नहीं बल्कि बहुत सादा है।   Here the food is not spicy, but rather (it is) very simple.

9.   SO, THEREFORE: इसलिए, इस कारण से, इस वजह से, तो, सो, अतएव, अतः

वह सबके साथ विनम्र है इसलिए सभी उससे बात करना पसन्द करते हैं।   He is polite with everyone so everyone likes to talk to him.

A review of the coordinating conjunctions we covered in this chapter:

1. AND: और (informal), तथा, व, एवं (more formal)
2. OR: या
3. ALSO: भी
4. NEITHER... NOR: न... न
5. WHETHER... OR: चाहे... चाहे/EITHER: या, या... या
6. OTHERWISE, OR ELSE: नहीं तो, वरना
7. BUT: पर, परन्तु, किन्तु, मगर, लेकिन
8. BUT RATHER: बल्कि
9. SO, THEREFORE: इसलिए, इस कारण से, इस वजह से, तो, सो, अतएव, अतः

<u>अभ्यास:</u>

इन वाक्यों को Conjunctions का इस्तेमाल करके जोड़िए

1. मौसम बहुत ख़राब था। वह दोस्त से मिलने नहीं गया। (इसलिए)

---

2. वह होशियार है। वह मेहनती है। (ही नहीं... बल्कि)

_____

3. सुबह सूरज चढ़ा। चारों ओर प्रकाश हुआ। (और)

_____

4. छाता ले जाओ। बारिश में भीग जाओगे। (Use नहीं तो/वरना)

_____

5. वह थका है। वह दिन में आराम नहीं करता। (चाहे... या)

_____

इन वाक्यों को Conjunctions का इस्तेमाल करते हुए पूरा कीजिए

1. हम आज या तो फ़िल्म देखेंगे या _____।

2. न उसे सितार बजाना आता है न _____।

3. माँ ने बहुत मिठाइयाँ बनाईं परन्तु _____।

4. वह अंग्रेज़ी ही नहीं _____ हिन्दी भी अच्छी तरह से जानता है।

5. मेरी बहन ने मुझे कहाः अपना काम ख़त्म कर _____ मैं माँ को बता दूँगी।

6. _____ बूढ़ा हो _____ जवान, सब लोग खुश रहना चाहते हैं।

7. अब वे _____ सुबह सैर के लिए मेरे साथ जाते हैं।

8. सड़क पर एक गाड़ी _____एक ट्रक के बीच टक्कर हो गई थी _____ सब

ट्रैफ़िक रुका हुआ था।

Subordinating Conjunctions

Subordinating Conjunctions are used to join the main clause with a subordinating clause. Below are some commonly used subordinating conjunctions with an example:

1.   BECAUSE: क्योंकि, चूँकि

चूँकि आज अल्का का जन्मदिन है, उसके सभी दोस्त उसे उपहार दे रहे हैं।   Because it is Alka's birthday, all of her friends are giving her a gift.

2.   FOR THE REASON THAT: इसलिए कि

वह बहुत परेशान है इसलिए कि शहर में दंगे हो रहे हैं।   He is very upset, the reason being that there are riots in the city.

3.   THAT: कि

पिता जी ने कहा कि बैठक में मेहमान आए हैं।   Father said that the guests have come in the living room.

4.   SO THAT: जिससे, ताकि

आज रात रमा समय पर सोएगी ताकि कल सुबह जल्दी उठ सके।   Tonight Rama will sleep on time so that she can get up early tomorrow.

5.   TO THE POINT THAT: यहाँ तक... कि,

वह यहाँ तक उदार है कि सड़क पर भिखारियों की भी मदद करता है।   He is kind to the point that he even helps the beggars on the street.

6.   IN OTHER WORDS: अर्थात, यानि

एक प्रसिद्ध फ़िल्म का नाम है *मदर इंडिया* यानि भारत माता।   A famous film is called *Mother India*, in other words, the mother of India.

7.   AS IF, AS THOUGH: मानो, जैसे

वह इतनी अच्छी हिन्दी बोलता है मानो भारत में रहता हो।   He speaks such a good Hindi as if he lives in India.

A review of subordinating conjunctions we covered in this chapter:

1. BECAUSE: क्योंकि, चूँकि
2. FOR THE REASON THAT: इसलिए कि
3. THAT: कि
4. SO THAT: जिससे, ताकि
5. TO THE POINT THAT: यहाँ तक... कि,
6. IN OTHER WORDS: अर्थात, यानि
7. AS IF, AS THOUGH: मानों, जैसे

अभ्यासः

खाली जगह भरिएः

1.   जैसे आप, वैसे आपके दोस्त और सहेलियाँ, _____ आपके साथी आप ही की एक पहचान हैं।

2.   उस ने गाड़ी बहुत तेज़ चलाई, _____ वह जल्दी पहुँच सके।

3.   रात को वे लोग जल्दी सोए _____ सुबह समय पर उठ सकें।

4.   _____ आदमी हो, _____ औरत, काम तो सभी करते हैं।

5.   वह मंदिर इतना बड़ा था, _____ एक महल हो।

अनुवाद कीजिएः

1. He neither came nor sent any news.

_____

2. Whether it is silver or gold, she likes all jewelry (ज़ेवर m.).

_____

3. Babita went to college, but her grandmother did not.

_____

4. This room is not clean, but rather a little dirty.

_____

5. He grew up in Japan, so he knows Japanese well.

_____

6. The neighbor goes to the temple everyday because she is religious (धार्मिक).

_____

7. They had said that they will surely send the letter today.

_____

8. Dark clouds are everywhere in the sky, in other words, the rain is about to come.

_____

9. The prices are rising, so much so that milk is also expensive.

_____

10. There was a lot of fog (धुंध f., कोहरा m.), as if it was a country of fairies (परी f.).

_____

Conditionals

Subordinating conjunctions also include Conditionals:

1.   IF... THEN: यदि/अगर... तो

यदि आप चाहते हैं, तो हम ज़रूर आएँगे।   If you want, then we will surely come.

अगर वे मदद करें, तो सब ठीक हो सकता है।   If they help, then everything can be fixed.

2.   ALTHOUGH/EVEN THOUGH... STILL/NONETHELESS: हालाँकि... फ़िर भी/तो भी/लेकिन, यद्यपि... तथापि

हालाँकि वह कल रात विदेश से लौटा था, फ़िर भी सुबह पहले हमसे मिलने पहुँचा।
Although he returned from abroad last night, nonetheless he reached to meet us first in the morning.

यद्यपि इसकी आय ज़्यादा नहीं है, तथापि इसका दिल बड़ा है।
Even though her income is not that much, still her heart is big.

अनुवाद कीजिए:

1. If you say so, (then) I will tell father about this.

   _____

2. Yes, if you wish, I can certainly help you.

   _____

3. If he is sleeping, (then) don't wake him up.

   _____

4. If you try, (then) you will find a good friend.

   _____

5. If I receive her letter, I will call you.

   _____

6. If I had gone there, I would have met them.

   _____

7. Although they were tired, (nonetheless) they were working till late at night.

   _____

8. Even though the place is very famous, still it is not beautiful.

   _____

9. Although they are busy (व्यस्त), nonetheless they like to help others.

_____

10. Even though we have met them before, still we don't know them.

_____

Section 2

Below are some examples of real-life applications of the conjunctions we learned in this chapter to further practice culture, reading, speaking and listening skills.

संस्कृति

Many proverbs in Hindi have the conjunctions we learned in this chapter. Below are examples of some commonly used proverbs with conjunctions:

1. अकल बड़ी या भैंस — A sharper mind is better than a larger body
2. न तीन में न तेरह में — Of no significance
3. न हंसों में न कौओं में — Literal: Neither fitting in swans nor in crows. Figurative: not fitting in any one group
4. नौ नकद न तेरह उधार — Cash is better than credit
5. सावन हरे न भादों सूखे — Even-tempered
6. हाथी के दाँत खाने के और दिखाने के और — Literal: Having one set of elephant teeth to eat and yet another to show. Figurative: trickery

पढ़ने का अभ्यास

Conjunctions are used in sentences frequently. Below are some more examples:

क्योंकि मैं भारत में बड़ी हुई, भारत मेरे दिल में रहता है।

हिन्दी भाषा का प्रचार भारत के बाहर बढ़ रहा है, यहाँ तक की यह अमरीका में सबसे बोले जानेवाली 25 भाषाओं में से एक है।

भारतीय लोगों को अपनी संस्कृति पर गर्व होना चाहिए जिससे कि अगली पीढ़ी को भी अपने सांस्कृतिक योगदान के बारे में मालूम हो।

अब होली, दिवाली तथा लोहड़ी स्टैनफ़र्ड विश्वविद्यालय में मनाई जाती है।

यदि आप कुछ नई हिन्दी फ़िल्में अमरीका में सिनेमाघर में देखना चाहते हैं तो कभी-कभी देख सकते हैं।

चाहे पूर्व चाहे पश्चिम, मेहनत से ही आप अपना जीवन संवार सकते हैं।

अमरीका में भारतीय खाना होटलों व घरों में बनता है, बल्कि कई क्षेत्रों में अब टिफ़िन का भी प्रबंध हो गया है।

हालांकि भारतीय खाना लगभग हर जगह उपलब्ध है, फ़िर भी उसका स्वाद भारत के खाने से अलग है।

इस वजह से भारत जाकर भोजन व पेय का स्वाद अलग लगता है।

लिखने का अभ्यास

इनका प्रयोग वाक्यों में कीजिएः

या

भी

न... न

या... या

नहीं तो, वरना

पर, परन्तु, किन्तु, मगर, लेकिन

इसलिए कि

कि

अर्थात, यानि

मानों, जैसे

_____

_____

_____

_____

_____

_____

_____

_____

बोलने का अभ्यास

अगर आप बेहद अमीर होते तो क्या करते?

If you were extremely rich, then what would you do? Use conjunctions while responding to this prompt. Below is an example:

अगर मैं बेहद अमीर होती तो पर्यावरण की रक्षा के लिए कार्यक्रम बनाने में मदद करती। गरीबों के लिए एक ऐसी विशेष जगह बनाती जहाँ वे कभी भी जाकर खाना ले सकते, ठंड, बारिश या गर्मी से बच सकते व नौकरी की तलाश मुफ़्त कम्प्यूटर और इंटरनैट द्वारा कर सकते। इसके अलावा, माताओं और बुजुर्गों के लिए भी कई सहायता केंद्र बनाती। दो अद्भुत कारें और घर भी बनाती जिसमें मेहमानों के रहने के लिए कई कमरे होते।

सुनने का अभ्यास

Many Bollywood songs use conjunctions. Below are the lyrics of a song that has conjunctions. Fill in the blanks while listening to this song:

"न मुँह छुपा के जियो और न सर झुका के जियो"

फ़िल्मः हमराज (1967), featured again in the film *संजू* (2018)

न मुँह छुपा के जियो और _____ सर झुका के जियो
ग़मों (sadness) का दौर (the era or period)_______ आये तो मुस्कुरा के जियो
न मुँह छुपा के जियो _______ न सर झुका के जियो

घटा (dark cloud) में छुपके सितारे फ़ना नहीं होते (do not get destroyed)
अँधेरी (dark) रात में दिये जला के चलो
____________ मुँह छुपा के जियो और न सर झुका के जियो

ये ज़िंदगी किसी मंज़िल पे रुक नहीं सकती
हर इक मक़ाम (destination) पे क़दम बढ़ा के चलो
न मुँह छुपा के जियो और न सर झुका के जियो

You can listen to other Bollywood songs that use conjunctions:

1. "फ़िर भी तुमको चाहूँगा" फ़िल्मः Half girlfriend (2017)
2. "न तुम जानो न हम" फ़िल्मः कहो न प्यार है (2000)
3. "चाहे रहो दूर, चाहे रहो पास" फ़िल्मः दो चोर (1972)

शब्दार्थः

इस अध्याय में आपके द्वारा सीखे गए नए शब्दों की सूची बनाएँ:

_____

_____

_____

_____

_____

_____

Chapter 10: RELATIVE CLAUSES
Section 1

Relative clauses connect two sentences or clauses. They are also called correlative conjunctions. The most common relative clauses in Hindi have to do with the kind, type or manner of an action or the time and place of an action. In that respect, they are adverbial.

Relative Clauses with type, kind, or manner

•AS... SO: जैसे जैसे... वैसे वैसे OR ज्यों ज्यों... त्यों त्यों

जैसे जैसे उसकी परीक्षा का समय पास आ रहा था, वैसे वैसे उसकी चिन्ता बढ़ रही थी।
As the time of the exam was coming near, (so) her worry was increasing.

ज्यों ज्यों आकाश में सूरज चढ़ रहा था, त्यों त्यों धूप तेज़ हो रही थी।
As the sun was rising in the sky, (so) the sunlight was getting more intense.

•THE KIND/TYPE OF... OF THAT KIND/TYPE: जैसा/जैसी/जैसे... वैसा/वैसी/वैसे

जैसी कमीज़ मुझे उपहार में मिली, वैसी मेरे पास पहले है।
The kind of shirt that I received as a gift, I have that kind already.

जैसे कमरे उस मकान में थे वैसे इस मकान में नहीं होंगे।
The type of the rooms that were in that house, those type will not be in this house.

•THE KIND/TYPE OF... OF THAT KIND/TYPE: जिस प्रकार का... उस प्रकार का OR जिस तरह का... उस तरह का

जिस प्रकार का पुस्तकालय यहाँ है, उस प्रकार का वहाँ नहीं था।
The kind of bookstore that is here, that kind was not there.

हो सकता है कि जिस तरह का व्यवहार आपका रहा था, उस तरह उसका न हो।
It is possible that the type of behavior that is yours, that type may not be his.

•THE MANNER/WAY IN WHICH...IN THAT MANNER/WAY: जिस प्रकार से/का... उस प्रकार से/का OR जिस तरह से/का... उस तरह से/का

जिस प्रकार से भारत में माता-पिता के प्रति सेवा भाव है, उस प्रकार से सभी देशों में नहीं है।
The way in which there is a sense of service toward parents in India, it is not there in every country.

जिस तरह का वह खाना बनाती है, उस तरह का मुझे पसन्द है।
I like the way in which she cooks.
(Literal: The way in which she cooks, I like)

NOTE: many Hindi clauses when translated into English, get reversed because of the syntax in English. However, many Hindi clauses can also be reversed and still the same meaning is preserved, for example: उस तरह का खाना मुझे पसन्द है, जिस तरह का वह बनाती है।

•AS MUCH... THAT MUCH: जितना/जितनी/जितने... उतना/उतनी/उतने

कहा जाता है कि जितना गुड़ डालोगे, उतना मीठा होगा।
It is said that something will only be as sweet as the sugar (in this case, jaggery) in it.
(Literal: It is said that as much jaggery is put in it, that much sweet it will be.)

जितने काम वह एक दिन में करता है, उतने अधिकतर लोग नहीं करते।
Most people cannot do as many tasks (work) as he does in one day.
(Literal: As many tasks as he does in one day, that many most people cannot do).

अभ्यास

Relative clauses का प्रयोग करते हुए इन पंक्तियों को जोड़िएः

1. बच्ची हर समय बोलती है। माँ नहीं बोलती।

_____

2. रात होगी। तारे नज़र आएँगे।

_____

3. इसने गलीचा (rug) ख़रीदा। मैं भी ख़रीदना चाहती हूँ।

_____

4. वह छात्र चित्रकारी करता है। यह छात्र चित्रकारी नहीं करता।

_____

5. सचिन तेंदुलकर मशहूर है। क्या विराट कोहली मशहूर है?

_____

ख़ाली जगह भरिएः

1. _____ गर्मी बढ़ रही थी, _____ मुझे पसीना आ रहा था।

2. _____ अमिताभ बच्चन प्रसिद्ध है, _____ शाहरूख खान भी है।

3. _____ अभ्यास आप करेंगे, _____ जल्दी आपको हिन्दी आएगी।

4. _____ सभी धर्मों के लोग भारत में मिलजुलकर रहते हैं, _____ सभी देशों में लोग नहीं रहते।

5. शायद _____ फ़र्श पड़ोसियों ने लगवाया है, _____ फ़र्श वह भी लगवाए।

Relative Clauses with time & space

<u>अभ्यासः</u>

ये पंक्तियाँ जोड़िएः

1. जाना सबको अच्छा लगता है। आज शाम का भोजन करेंगे।

_____

2. आपको फ़ोन आए। आप घर से चलना शुरू करें।

_____

3. लाल बत्ती (red light) हरी नहीं होती। इंतज़ार कीजिए।

_____

4. वह सोलह साल की हुई। उसने गाड़ी चलाना सीखा।

_____

5. देखो। सन्नाटा (silence) है।

_____

ख़ाली जगह भरिएः

1. _____ अंदर जाने की अनुमति (permission) नहीं मिलती, _____ यहीं प्रतीक्षा (wait) करो।

2. प्राचीन काल (ancient times) में _____________ पानी था, _____________ शहर बना।

3. _____________ तुम छोटे थे ____________________ कौन-से खेल खेला करते थे?

4. कृपया ____________ मैं बताऊँ ______________ गाड़ी मोड़िए।

5. ____________ तुम्हें सिफ़ारिश पत्र (recommendation letter) मिलता है, __________ तुम नौकरी के लिए अर्ज़ी दो।

<u>Relative clauses with nouns</u>

<u>अभ्यास</u>

1. उस हस्ती (personality) का क्या नाम है? भारत का राष्ट्रपति (president) है।

____

2. वही चीज़ें बनाऊँगी आपको पसंद हैं।

____

3. _________ देश में गंगा बहती है, उसका नाम भारत है।

4. _________ बच्चों को परिणाम पता चल चुका है, वे आज चैन की नींद सोएँगे।

Relative clauses with भी:

Adding the emphatic particle भी means adding "ever" to the clauses:

अभ्यास

खाली जगह भरिए:

1. _____सेल लगती है, वह वहाँ ज़रूर पहुँचती है।

2. _____ हो, तुम जल्दी से आ जाओ।

3. _____साड़ियाँ आपको चाहिए, आप ले सकते हैं।

4. _____ वह आता है, देर से आता है।

5. _____ लुटेरा भाग रहा था, पुलिस उसका पीछा कर रही थी।

ख़ाली जगह भरिए व पंक्तियाँ जोड़िएः

1. जल्दी हो सके। यह उपहार तैयार कीजिए।

_____

2. _____ आखिर मेरा पति है।

3. _____हैं, आसपास एक इंटरनैट कैफ़े तो होगा।

4. _____ रहें, सुरक्षित (secure) रहें।

5. उसे बुलाओ, जिस समय भी उसे बुलाओ, वह तुरंत उपस्थित (present) होता है।

_____

6. आप चाहते हैं। बेझिझक (without hesitation) होकर कहिए।

_____

Mixed Exercises

ख़ाली जगह भरिए:

1. _____ लोग भारत में रहते हैं, _____ कैलिफ़ोर्निया में नहीं रहते।

2. _____ का मौसम _____ के मौसम से काफ़ी अच्छा है।

3. _____ उन्हें ख़ाली समय मिलता है, _____ वे बाहर जाना चाहते हैं।

4. _____ मैं वापस नहीं आती, _____ आप यहाँ रुकें।

5. _____ मैं अमीर होती हूँ, _____ मैं दयालु भी होती हूँ।

6. _____ लोग, _____ दुनिया।

7. _____ खाना वह बनाती है, _____ खाना मैं भी बनाना चाहता हूँ।

163

8.   उस आदमी का क्या नाम है, _____ अमरीका का पहला राष्ट्रपति बना?

अनुवाद कीजिए:

1. जो: The food she made was spicy.

_____

2. जिस: The man who wrote this story is my brother.

_____

3. जहाँ, वहाँ: I will also study where you study.

_____

4. जिधर, उधर: Let's go where there are beautiful gardens.

_____

5. जितना, उतना: He studies as much as you do.

_____

6. जैसा, वैसा: I am learning how to cook the type of food you like.

_____

7. जब, तब: When he arrived at the station, the train had already left.

_____

अनुवाद कीजिए:

1. The book she wrote is now famous.

_____

2. The woman who sold me that sari is gone.

_____

3. He goes where his father works.

_____

4. Let's go where there less noise (शोर m.).

_____

5. I have seen just as many Bollywood films as him.

_____

6. I will do just the kind of hard work (मेहनत f.) that you do.

_____

7. When someone needs help, she helps them.

Section 2

Below are some examples of real-life applications of the relative clauses we learned in this chapter to further practice culture, reading, speaking and listening skills.

संस्कृति

There are many common idioms & proverbs in Hindi with relative clauses:

1. जैसे को तैसा — Tit for tat
2. जैसा करोगे, वैसा भरोगे — As you sow, so shall you reap
3. जैसी करनी, वैसी भरनी — As you sow, so shall you reap
4. जैसा बाप, वैसा बेटा — Like father, like son
5. जहाँ न पहुँचे रवि, वहाँ पहुँचे कवि — A poet can reach places where the sun does not shine
6. जो गरजते हैं, वो बरसते नहीं — Barking dogs seldom bite
7. जितनी चादर, उतने ही पैर पसारो — Conduct yourself based on your budget
8. जिसकी लाठी, उसकी भैंस — Might is right
9. अब पछताए होत क्या जब चिड़िया चुग गई खेत? — Don't cry over spilled milk
10. जब लक्ष्मी तिलक करती हो, तब मुँह धोने नहीं जाना चाहिए — Don't be bogged down with irrelevant details when a golden opportunity strikes

पढ़ने का अभ्यासः

Riddles in Hindi tend to have relative clauses. Solve the riddles below (answers are provided below):

1. एक आदमी जो मिसाइल मैन के नाम से जाना जाता हैः_____

2. एक जगह जहाँ जाखू मंदिर व लकड़ी का बाज़ार हैः _____

3. जब इस पानी भरे व्यंजन को खाएँ तो पुच की आवाज़ आएः _____

4. जितने किलो मीटर एक मील में होते हैं: _____

5. जैसे अंग्रेज़ी में कहा जाता है Open sesame, वैसे हिंदी में कहते हैं _____

जवाब/उत्तरः

1. ए॰ पी॰ जे॰ अब्दुल कलाम
2. शिमला
3. पुचका अथवा गोलगप्पा
4. 1.6
5. खुल जा सिम सिम

लिखने का अभ्यास

विषय: इन 5 उत्तरों के लिए या कोई 5 पहेलियाँ लिखें (Write riddles for these 5 answers or any other):

1. पी. टी. ऊषा व हिमा दास
2. आमिर खान
3. हिमालय के पहाड़
4. हिन्दू, बौध, सिख, मुसलमान व ईसाई
5. मोइनजोदड़ो व हड़प्पा सभ्यता

_____

_____

_____

_____

_____

_____

बोलने का अभ्यास

विषय: कुछ पंक्तियाँ बोलें जिसका एक उत्तर हो। नीचे एक उदाहरण हैः

जिसका जन्म मद्रास में हुआ
जो येल में पढ़ी
मोटरोला जैसी कम्पनी में भी काम किया
भारत, जहाँ इसे पद्म भूषण मिला
उधर की कम्पनी में है जिधर का कोक है

उत्तरः इंदरा नूयी

विषय: बताइए जब आपने नाव की सैर की थी

या

जब आपका कुछ चोरी हो गया था

या

जब आप रेलगाड़ी से कहीं गए

सुनने का अभ्यास

Many Bollywood songs use relative clauses. Below are the lyrics of a song that has relative clauses. Fill in the blanks while listening to this song:

"ये जो देस है तेरा"

फ़िल्मः स्वदेस (2004)

ये जो देस है तेरा, स्वदेस (homeland) है तेरा

तुझे है पुकारा (called out)

ये वो बंधन (bond) है _____ कभी टूट नहीं सकता

169

मिट्टी की है जो ख़ुश्बू, तू कैसे भुलायेगा

तू_____ कहीं जाये, तू लौट के आयेगा

नई-नई राहों में, दबी-दबी आहों (suppressed sighs) में

खोये-खोये दिल से तेरे कोई ये कहेगा

ये जो देस

तुझसे ज़िंदगी, है ये कह रही

सब तो पा लिया, अब है क्या कमी

यूँ तो सारे सुख हैं बरसे

पर दूर तू है अपने घर से

आ लौट चल तू अब दिवाने

_____ कोई तो तुझे अपना माने

आवाज़ दे तुझे बुलाने

वही देस

ये जो देस

ये पल हैं वही, _____ हैं छुपी

पूरी इक सदी (century), सारी ज़िंदगी

तू न पूछ रास्ते में काहे

आये हैं इस तरह दो राहे

तू ही तो है राह _____ सुझाये

तू ही तो है अब जो ये बताये

जाएँ तो किस दिशा (direction) में जाये

वही देस

ये जो देस

You can also listen to other Bollywood songs that use relative clauses:

1. "जितना भी करलो प्यार" फ़िल्मः शिख़र (2004)
2. "वादा करो नहीं छोड़ोगे तुम मेरा साथ" फ़िल्मः आ गले लग जा (1973)
3. "कौन है जो सपनों में आया" फ़िल्मः झुक गया आसमान (1968)
4. "हर दिल जो प्यार करेगा" फ़िल्मः संगम (1964)

शब्दार्थः

इस अध्याय में आपके द्वारा सीखे गए नए शब्दों की सूची बनाएँ:

_____

_____

_____

_____

_____

_____

Chapter 11: COMPOUND VERB FAMILIES
Section 1

Compound verbs are used frequently in Hindi, but usually not found listed separately in a Hindi dictionary or textbook. With hundreds of compound verbs in use, it is difficult to explain each one, but in this comprehensive chapter, the most common compound verb families are grouped together, their meanings explained and used in practice.

What is a compound verb?

A compound verb means that there is a main verb stem + second verb (used as an auxiliary verb) modified based on the number and gender of the subject. The second verb is used to lend an added meaning, nuance or shade to the action of the main verb. Often this added meaning shows in the English translation, but sometimes it does not.

Compound verbs are generally used in affirmative sentences. They do not occur in negative sentences. Compound verbs are used in all tenses.

While there are numerous compound verb combinations in Hindi, they have been grouped into the following verb families listed below for easier understanding:

- लेना
- देना
- जाना
- उठना
- बैठना
- पड़ना
- निकलना
- रखना
- डालना

लेना और देना

The addition of the verb लेना means that the action is for the benefit of the speaker/subject and the addition of देना means that the act is for the benefit of another (someone other than the speaker). The examples below show some frequently used combinations with लेना and देना:

- भर लेना, देना: to fill up (for oneself, for another, respectively)

- खाली कर लेना, देना: to empty off (for oneself, for another)
- छुपा लेना, देना: to hide (for oneself, for another)
- बुला लेना, देना: to call someone over (for oneself, for another)
- कर लेना, देना: to do (for oneself, for another)
- ले लेना, देना: to take (for oneself, for another)
- पढ़ लेना, देना: to read (for oneself, for another)
- लिख लेना, देना: to write (for oneself, for another)
- चल लेना, देना: to walk (for oneself, for another)
- धो लेना, देना: to wash (for oneself, for another)
- बंद कर लेना, देना: to close (for oneself, for another)
- खोल लेना, देना: to open (for oneself, for another)
- निकाल लेना, देना: to take out (for oneself, for another)
- उतार लेना, देना: to take off (for oneself, for another)
- चढ़ा लेना, देना: to load up (for oneself, for another)
- बना लेना, देना: to make (for oneself, for another)
- ठीक कर लेना, देना: to fix (for oneself, for another)
- रख लेना, देना: to keep (for oneself, for another)
- हँस लेना, देना: to laugh (for oneself, for another)
- रो लेना, देना: to cry (for oneself, for another)
- समझा लेना, देना: to make some understand (for oneself, for another)
- मुस्कुरा लेना, देना: to smile (for oneself, for another)
- बचा लेना, देना: To save (for oneself, for another)
- ख़र्च लेना, देना: To spend (for oneself, for another)

<u>अभ्यास</u>

ठीक उत्तर चुनिएः

1. तुम वह बाल्टी मेरे लिए खाली कर दो/लो।

2. अपना गृहकार्य कर लेना/देना।

3. खाना खाने के बाद हम थोड़ी देर चल लेते/देते हैं।

4. जब तक हम पहुँचे, तब तक धोबी ने कपड़े धो लिए/दिए थे।

5. इस अनानास का रस इनके लिए निकाल दीजिए/लीजिए।

6. सोनम की अंतराष्ट्रीय उड़ान के लिए अजय ने उसे हवाई अड्डे छोड़ दिया/लिया।

7. आपको देखकर वह मुस्कुरा देती है।

8. वह उनकी विदेशी गाड़ी ठीक कर देगा/लेगा।

9. मेरा दिया हुआ उपहार उसने संभालकर रख लिया/दिया।

10. नानी की तबीयत ख़राब होने पर सूरज ने डाक्टर को बुला लिया/दिया।

लेना और देना के साथ 5 compound verb चुनिए व पंक्तियों में इस्तेमाल कीजिएः

1. _____

2. _____

3. _____

4. _____

5. _____

There are some main verbs that are only used with देना. Some examples are:

1. सिखा देना: to teach for the benefit of another

2. फ़ेंक देना: to throw off for the benefit of another

3. बता देना: to tell for the benefit of another

4. बेच देना: to sell for the benefit of another

5. भेज देना: to send for the benefit of another

6. दे देना: to give for the benefit of another

7. दिखा देना: to show for the benefit of another

8. गंदा कर देना: to dirty for another

9. ख़राब कर देना: to mess it up for another

And, other main verbs that are used with लेना. Examples include:

1. समझ लेना: to understand for one's benefit

2. चुरा लेना: to steal for one's benefit

3. साथ हो लेना: to join in for one's benefit

4. सीख लेना: to learn for one's benefit

5. छीन लेना: to snatch for one's benefit

6. पहन लेना: to wear for one's benefit

जाना

जाना is a frequently used second verb. The addition of जाना indicates either a change of state or the process of the completion of an act. Below are examples of commonly used compound verbs with जाना. An * on the verbs below indicates that there is a change of state, but it does not show in the English translation.

- बैठ जाना: to sit down
- लेट जाना: to lie down
- थक जाना: to become tired
- सो जाना: to go to sleep

- मर जाना: to die*
- उठ जाना: to get up
- आ जाना: to come*
- चला जाना: to go away
- पहुँच जाना: to arrive*
- समझ जाना: to understand*
- भूल जाना: to forget*
- पी जाना: to drink up
- खा जाना: to eat up
- रुक जाना: to stop*
- भाग जाना: to run off
- मिल जाना: to get*
- खुल जाना: to open up
- बंद हो जाना: to close off
- तैयार हो जाना: to become ready
- तैयारी हो जाना: for the preparation to become complete
- ख़त्म हो जाना: to finish off
- शुरू हो जाना: to start up

अभ्यासः

Change the main underlined verb in the sentences below into a compound verb with जाना:

1. क्या वह बात <u>समझा</u>? (जाना perfect tense)

_____

2. आज हम जल्दी <u>चले</u> (जाना future tense).

_____

3. काम के बाद वे थोड़ी देर <u>लेटना</u> चाहते हैं (जाना infinitive form).

_____

4. दुकान <u>बंद</u> है (हो जाना present perfect).

_____

5. भगवान करे कि उसे अच्छी नौकरी <u>मिले</u> (जाना subjunctive).

_____

6. रेलगाड़ी स्टेशान में आकर <u>रूक</u> _____ (जाना iterative, present).

7. बच्चे चलते-चलते <u>थक</u> _____ (जाना past perfect).

8. अब <u>सो</u> (जाना imperative).

_____

9. अगर एक घंटे तक चलें, तो वक्त पर पहुँच _____ (जाना future).

10. जब भी इसे कुछ बताया जाता है, वह भूल _____ (जाना present).

जाना के साथ 5 compound verb चुनिए व पंक्तियों में इस्तेमाल कीजिए:

1. _____

2. _____

3. _____

4. _____

5. _____

उठना और बैठना

The addition of उठना or बैठना means that the action was either impulsive, sudden or foolish. Below are some examples with the shades of meaning provided:

उठना

- बोल उठना: to speak suddenly or impulsively
- बज उठना: to ring suddenly
- गूँज उठना: to echo suddenly
- जल उठना: to burst into flames
- रो उठना: to weep impulsively
- चीख उठना: to scream impulsively
- चौंक उठना: to get startled
- हँस उठना: to burst into laughter
- नाच उठना: to break into dance

बैठना

- कर बैठना: to do foolishly
- उठ बैठना: to get up suddenly
- खो बैठना: to lose foolishly
- हार बैठना: to get defeated (defeat was preventable)
- बन बैठना: to become something, whether right or not
- समझ बैठना: to misunderstand something
- ले बैठना: to take something impulsively or foolishly
- दे बैठना: to give something impulsively or foolishly

<u>अभ्यास</u>

ख़ाली जगह भरिए (उठना):

1. परसों भाषण के दौरान उसका फ़ोन बज _____ (perfect)।

2. एकदम दरवाज़ा खुलने पर पिता जी चौंक _____ (iterative) करते थे।

3. यह समाचार सुनकर दीपा रो _____ (past perfect) थी।

4. होली के त्यौहार पर सब लोग ख़ुशी से नाच _____ (present habitual) हैं।

5. हो सकता है कि बच्चा डरकर चीख _____ (subjunctive)।

ख़ाली जगह भरिए (बैठना):

1. शराब पी पीकर वह अपना जीवन खो _____ (future)।

2. गलत हस्ताक्षर (signature) करके कई लोग अपनी संपत्ति (property) दे _____ (present perfect) हैं।

3. अक्सर गुरुर (pride) और गुस्से में वह सब हार _____ (present) है।

4. क्या पता माँ क्या समझ _____ (perfect)।

5. परेशानी में कुछ भी कर _____(infinitive) ठीक नहीं।

उठना और बैठना के साथ 5 compound verb चुनिए व पंक्तियों में इस्तेमाल कीजिए:

1. _____

2. _____

3. _____

4. _____

5. _____

पड़ना और निकलना

Adding पड़ना to the main verb lends a sense of sudden or unanticipated action:

- गिर पड़ना: to fall down

- रो पड़ना: to burst into tears
- हँस पड़ना: to burst into a laugh
- कूद पड़ना: to jump off
- चल पड़ना: for a machine to start working or a being to start moving or walking
- आ पड़ना: to befall

But, निकलना is less commonly used than पड़ना:

- बच निकलना: to unexpectedly make it alive
- भाग निकलना: to unexpectedly run away
- आ निकलना: to suddenly emerge

<u>अभ्यास</u>

ख़ाली जगह भरिएः

1. फ़ुटबाल के खिलाड़ी भागते हुए टकराकर (colliding) _____ (fell down).

2. बचपन में हम पानी में _____ (used to jump off).

3. मेरा चुटकला सुनकर सब लोग _____ (will laugh).

4. मरम्मत करवाने के बाद स्कूटर _____ (started working).

5. ये कैसी मुसीबत _____ (befell)?

6. हैरानी की बात है कि वह गुण्डों के आक्रमण (attack) से _____ (had unexpectedly made it alive).

7. जब बादल छटे (clouds cleared) तो सूरज _____ (suddenly emerged).

पड़ना और निकलना के साथ 5 compound verb चुनिए व पंक्तियों में इस्तेमाल कीजिएः

1. _____

2. _____

3. _____

4. _____

5. _____

<u>रखना</u>

Adding रखना to the main verb connotes keeping something over time:

- बचा रखना: to save over time
- पका रखना: to cook and keep for a period of time
- दे रखना: to have given something to keep over time
- लिख रखना: to have written something to keep over time
- सुन रखना: to have heard something that has kept over time

<u>अभ्यास</u>

ख़ाली जगह भरिएः

1. यह बात मैंने हज़ार बार _____ (have heard).

2. उसने बचपन के खिलौने अभी तक _____ (has saved over time).

3. अगर हम देर रात से लौटें तो क्या माँ ने खाना _____ (would have cooked and kept over time)?

4. चाचा ने कुछ पैसे उधार _____ (must have given to keep over time).

5. हो सकता हे कि उनका पता व फ़ोन नुम्बर कहीं _____ (may have been written to be kept over time).

डालना:

Adding डालना to the main verb adds a sense of force, passion or intensity to the action:

- खोल डालना: to open with force
- तोड़ डालना: to break with force
- मार डालना: to kill off
- बेच डालना: to sell off
- कर डालना: to intensely do something (with all conjunct verbs with करना)
- फ़ाड़ डालना: to rip off

अभ्यास

ख़ाली जगह भरिएः

1. पड़ोसियों ने अपना पुराना मकान कई सालों बाद _____ (have sold off).

2. यह बात जानकर वह यह रिश्ता ज़रूर _____ (will break with force).

3. रानी लक्ष्मीबाई ने दुश्मनों को _____ (had killed off).

4. हो सकता है कि कठिनाइयों व चुनौतियों के बावजूद वह अपनी पढ़ाई _____ (may intensely finish).

5. अगर कमरे से एक अजीब आवाज आई थी तो आपको दरवाज़ा _____ (should have opened with force).

रखना और डालना के साथ 5 compound verb चुनिए व पंक्तियों में इस्तेमाल कीजिएः

1. _____

2. _____

3. _____

4. _____

5. _____

मिश्रित अनुवाद कीजिएः

1. Today he will go away for a new job.

_____

2. The child drank up all the juice.

3. We make many kinds of food (for ourselves).

_____

4. Please open the letter and read it for me.

_____

5. Yesterday that building burst into flames.

_____

6. What have they done (foolishly)?

_____

7. When the students heard this, they burst into laughter.

_____

8. The police was not able to catch the thief who had run away.

_____

9. He has saved money over time for his son's education.

_____

10. I have heard this poem before.

ठीक उत्तर चुनिए:

1. मकानमालिक ने कहा कि यह कमरा महीने के अंत तकः

क) ख़ाली कर देना

ख) ख़ाली कर लेना

ग) ख़ाली कर बैठना

2. संगीतकार के गिटार की आवाज़ पंडाल में:

क) सुन रखी

ख) चल पड़ी

ग) गूँज उठी

3. अपनी सुविधा के लिए क्यों न एक खाताः

क) खोल उठें

ख) खोल डालें

ग) खोल पड़ें

4. वह दुल्हन के कपड़े:

क) पहन देगी

ख) पहन लेगी

ग) पहन पड़ेगी

5. हो सकता है कि वह कमरा साफ़:

क) कर दे

ख) कर निकले

ग) कर बचे

6. सभी सलाह देते हैं कि आपातकाल के लिए पैसा:

क) बच निकलना चाहिए

ख) बचा रखना चाहिए

ग) बज उठना चाहिए

7. बीमार होते हुए भी उसे:

क) चल पड़ेगा

ख) दफ़्तर जाना पड़ेगा

ग) पड़ जाएगा

8. माना जाता है कि किसी भी शक्ति का ग़लत इस्तेमाल करो, तो वह शक्ति:

क) छीन लेती है

ख) बच निकलती है

ग) खो जाती है

9. कृपया मुझे समय पर सामानः

क) भेज दो

ख) बेच डालो

ग) भेज लो

10. यह कैसा तूफ़ानः

क) आ निकला

ख) आ पड़ा

ग) आ रखा

In addition to these compound verb families explained above, there are other compound verbs with specialized meaning such as with धमकना (आ धमकना), बसना (चल बसना), छोड़ना (रख छोड़ना) and others, but their use is not as wide-ranging.

Also, it is helpful to remember for further integrative learning that these compound verb families also occur in conjunct verbs. For example, पास जाना, दुख देना, सुख लेना, याद रखना, etc. The only difference with conjunct verbs is that the first part of the conjunct verb is a noun (as opposed to a main verb like in compound verbs) and the second part is a verb. The first noun part does not change, only the verb part gets conjugated based on the number and gender of the subject.

Section 2

Below are some examples of real-life applications of the compound verbs to further practice culture, reading, speaking and listening skills.

संस्कृति और पढ़ने का अभ्यास

Stories in Hindi are told using compound verbs. Read this story below that uses compound verbs:

एक बार की बात है, एक आदमी काम करके थक गया था। वह एक जगह से निकल रहा था जहाँ पर कई तरह के फ़ल के पेड़ थे। उसने सोचा- क्यों न मैं यहाँ कुछ आराम कर लूँ? उसने सामने बड़े बड़े तरबूजों (watermelons) को ज़मीन पर उगते देखा। एक बेर (berry) के फ़ल का पेड़ भी उसे नज़र आया। वह उसके नीचे जाकर बैठ गया। वह सोचने लगाः सृष्टि (nature) भी अजीब है, बड़े बड़े तरबूज तो ज़मीन पर उग रहे हैं और बेर जैसा छोटा सा फ़ल इस लम्बे पेड़ पर उग रहा है! एकदम उस पेड़ से एक बेर उसके सिर पर गिर पड़ा। तब उसे कुछ समझ में आया-- अरे, अगर इतने बड़े तरबूज उस पेड़ पर उग रहे होते, तो तरबूज़ से चोट खाकर वह आज न बच निकलता। वह सोचने लगा कि सृष्टि के नियमों (rules) का भी तर्क (logic) होता है!

लिखने और बोलने का अभ्यास

विषय: Compound verbs का प्रयोग करते हुए एक कहानी लिखें व अपनी कक्षा को सुनाएँ:

____

____

____

____

____

____

____

____

____

____

सुनने का अभ्यास

Many Bollywood songs use compound verbs. Below are the lyrics of a popular song that uses compound verbs. Fill in the blanks while listening to this song:

"रूक जाना नहीं तू कहीं हार के"

फ़िल्मः इम्तिहान (1974)

रुक _____ नहीं तू कहीं हार (defeat) के

काँटों (thorns) पे चलके मिलेंगे साए (shadows) बहार के (2)

ओ राही (traveler), ओ राही (2)

सूरज (the sun) देख रुक _____ है

तेरे आगे झुक (to bow) गया है (2)

जब कभी ऐसे कोई मस्ताना

निकले है अपनी धुन में दीवाना

शाम सुहानी बन _____ हैं दिन इंतजार के

ओ राही, ओ राही

रुक जाना नहीं...

साथी ना कारवाँ (caravan) है

ये तेरा इम्तिहाँ (test) है (2)

यूँ ही चला चल दिल के सहारे (support)

करती है मंजिल तुमको इशारे

देख कहीं कोई रोक नहीं _____ तुझको पुकार के

ओ राही, ओ राही

रुक जाना नहीं...

नैन आँसू जो लिए हैं

ये राहों के दिए हैं (2)

लोगों को उनका सब कुछ दे के

तू तो _____ था सपने ही ले के

कोई नहीं तो तेरे अपने हैं सपने ये प्यार के

ओ राही, ओ राही

You can also listen to other Bollywood songs that use compound verbs:

1. "ठग ले" फ़िल्मः Ladies vs Ricky Bahl (2011)
2. "मुझे रंग दे" फ़िल्मः थकशक (1999)
1. "रूक जा ओ दिल दिवाने" फ़िल्मः दिलवाले दुल्हनिया ले जाएँगे (1995)

<u>शब्दार्थः</u>

इस अध्याय में आपके द्वारा सीखे गए नए शब्दों की सूची बनाएँ:

_____

_____

_____

_____

_____

_____

APPENDIX 1

Comprehensive tense practice worksheets have been designed to give you a comprehensive review of all the tenses and give the students an idea of what they know and what they need to practice more.

Tense Practice Worksheet I

Translate the sentences below using the appropriate tense and form of the verb "to work:"

1. He works. _____

2. He used to work. _____

3. He is working. _____

4. He was working. _____

5. You (informal) work! _____

6. He will work. _____

7. He worked. _____

8. He has worked. _____

9. He had worked. _____

10. He is working (regularly). _____

11. He is doing his (own) work. _____

12. He has work. _____

13. What type of work does he do? _____

14. He likes to work (Use पसंद होना). _____

15. He likes to work (Use पसंद करना). _____

16. He likes to work (Use अच्छा लगना). _____

17. He wants to work. _____

18. He can work. _____

19. His work starts at 8:45 am. _____

20. Join these two sentences: He works. He comes home. _____

21. He had to work (use strong obligation/compulsion). _____

22. He ought to work. _____

23. He will have to work. _____

24. He works more than his sister. _____

25. Only he works. _____

26. He works also. _____

27. It is possible that he may work. _____

28. It is necessary that he work. _____

29. Should he work? _____

30. Let's work with him. _____

31. If you want, he will work. _____

32. He is a working man. _____

33. He has some work. _____

Tense Practice Worksheet II

Translate the sentences below using the appropriate tense and form of the verb "to make"

1. Sheela makes tea._____

2. Sheela used to make tea._____

3. Sheela is making tea. _____

4. Sheela was making tea._____

5. Sheela, make tea for me right now! (informal) _____

6. Tomorrow, Sheela will make tea. _____

7. Sheela has made tea. _____

8. Sheela had made tea. _____

9. Sheela made tea. _____

10. She makes tea (regularly). _____

11. Sheela is making her own tea. _____

12. What type of tea does Sheela like to make? _____

13. She likes to make masala tea (Use अच्छा लगना). _____

14. She wants to make tea. _____

15. Sheela can make tea. _____

16. Sheela came home. Sheela opened the mail. _____

17. Sheela had to make tea (use strong obligation/compulsion) _____

18. She ought to make tea. _____

19. She will have to make tea. _____

20. She makes more tea than me. _____

21. Only Sheela makes tea. _____

22. Sheela also makes tea. _____

23. Should Sheela make tea? _____

24. Let's make tea with Sheela. _____

25. Sheela is about to make tea. _____

26. Sheela has finished making tea. _____

27. It is 4 o'clock in the evening, Sheela must be making tea. _____

28. Sheela began to make tea. _____

29. Sheela may/might make tea. _____

30. I can make as much tea as Sheela (As much tea as Sheela makes, I can make too).

_____

31. When I came home, Sheela made tea. _____

32. That tea that Sheela makes is the best! _____

33. The way in which Sheela makes tea is the best. _____

They said this to me while laughing.

_____

We read the book while lying down.

_____

When were these shops built?

_____

I have completed my work (use compound verb).

_____

Have you lost the luggage? (use compound verb)

_____

Do this work (for someone else-use compound verb).

_____

The girl came. The girl sat down (combine).

_____

He didn't ask his father. He sold the house (combine).

_____

Will she manage to write this story by tomorrow?

_____

The girl went home. The girl cleaned her house (combine).

_____

My sister was going to India. I was very happy. (Use समय or वक्त)

_____

We used to meet daily in this library. (Use iterative)

_____

The newspaper was read.

_____

Call me so that I know you have reached.

_____

He did not come today because his mother was sick.

_____

Tell the truth or else you will go to jail.

_____

My son will become either a writer or a poet.

_____

She neither came herself nor did she call us.

_____

As soon as I rang the bell, the door opened.

_____

Last year, I had them build my house.

_____

Shall we go with you right now?

_____

Come on, let's go see that new movie.

_____

If you believe it, then it will happen.

_____

APPENDIX 2

This is a personalized map of kinship terms where you can put the name of the appropriate relative in the appropriate box to practice the kinship terms further.

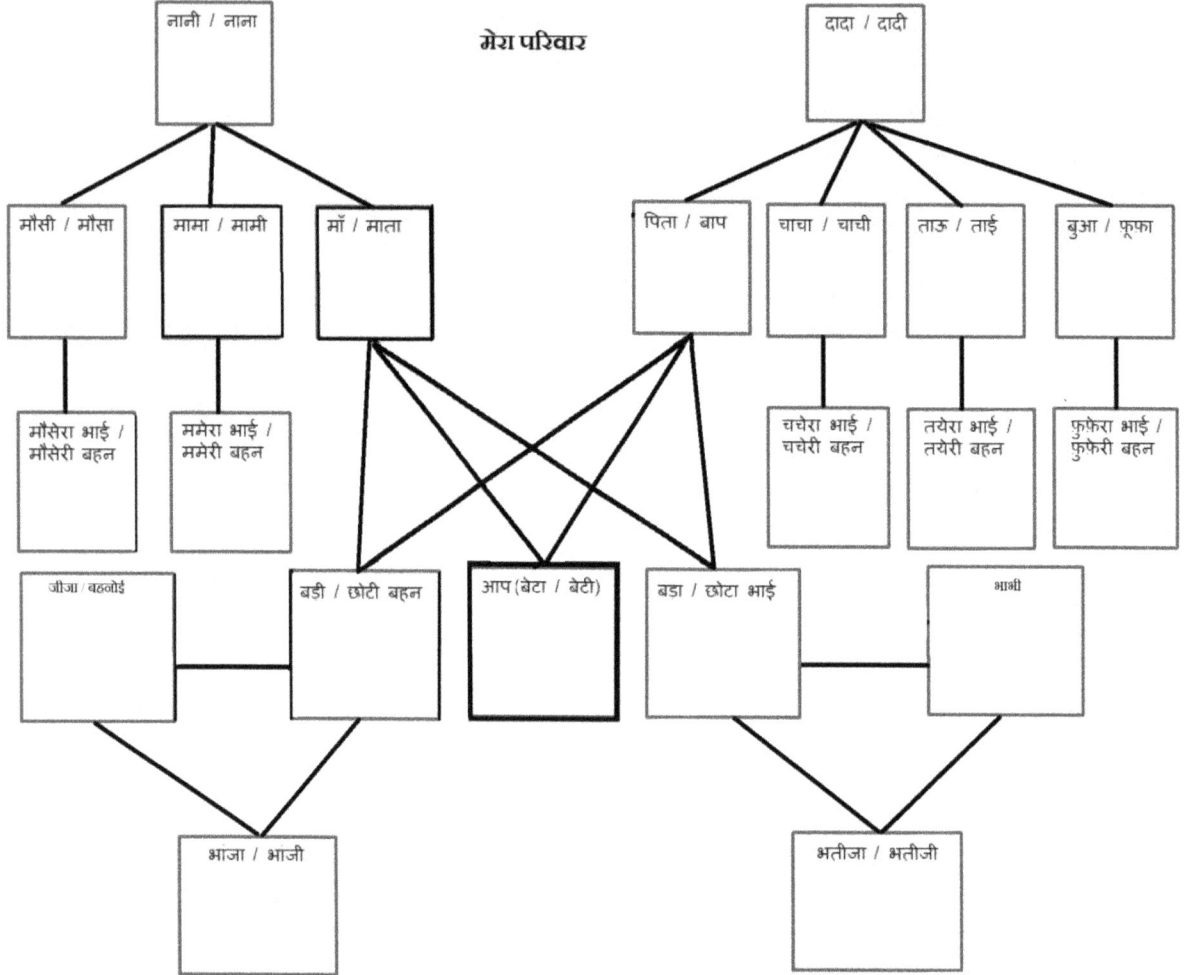

मेरा परिवार

नानी / नाना			दादा / दादी			

मौसी / मौसा	मामा / मामी	माँ / माता	पिता / बाप	चाचा / चाची	ताऊ / ताई	बुआ / फूफा

मौसेरा भाई / मौसेरी बहन	ममेरा भाई / ममेरी बहन			चचेरा भाई / चचेरी बहन	तयेरा भाई / तयेरी बहन	फुफेरा भाई / फुफेरी बहन

जीजा / बहनोई	बड़ी / छोटी बहन	आप (बेटा / बेटी)	बड़ा / छोटा भाई	भाभी

भांजा / भांजी		भतीजा / भतीजी

202

APPENDIX 3

Select Bollywood Hindi films are a great resource to learn Hindi and the culture within which it I embedded. Below are questionnaires to start the discussion on the films *रंग दे बसंती* (2006), *Three Idiots* (2009), and दंगल (2016), three of the films that have been a major turning point in Hindi cinema. After watching the films, these questionnaires serve as a starting point on the speaking and culture practice.

Discussion Questionnaire on Bollywood film *रंग दे बसंती* (2006)

1. इस फ़िल्म में सू मकिन्ली (Sue McKinley) किस देश से भारत आती है?

2. सू के पास किस की डायरी है और वह क्या करना चाहती है?

3. क्या दलजीत (डी जे), अस्लम, सोनिया, करन और सुखी अभी दिल्ली विश्वविद्यालय में हैं?

4. वे आजकल क्या करते हैं?

5. बताइए भगत सिंह, चंद्रशेखर आज़ाद, अशफाक खान, रामप्रसाद बिस्मिल कौन थे?
a. वे वकील थे।

b. वे पुलिस में थे।

c. वे क्रांतिकारी (revolutionaries) थे।

d. वे छात्र थे।

6. इस फ़िल्म में कौन सा भारतीय स्मारक (monument) नहीं था?

a. इंडिया गेट

b. लाल किला

c. स्वर्ण मंदिर

d. ताज महल

7. इस फ़िल्म में किस भारतीय धर्म (religion) के लोग नहीं थे?

a. जैन

b. मुसलमान

c. हिंदू

d. ईसाई

e. यहूदी

f. सिख

8. आपको इस फ़िल्म में क्या पसंद है और क्या नहीं? और क्यों?

9. आपका मनपसंद (favorite) पात्र (character) कौन था? और क्यों?

10. आपका मनपसंद गीत कौन सा था और क्यों?

Discussion Questionnaire on the Bollywood film *3 idiots* (2009)

1. इस फ़िल्म में आपका मनपसन्द हिस्सा कौन सा था? और क्यों?

2. कौन सा हिस्सा आपको नापसन्द था? और क्यों?

3. आपको कौन सा गीत सबसे अच्छा लगा और क्यों?

4. इस फ़िल्म में भारतीय शिक्षा के संदर्भ में आपने क्या जाना? अपनी राय बताइए।

5. यह कुछ पारिवारिक मान्यताओं के बारे में भी दर्शाती है। एक मान्यता चुनिए व उसके बारे में बताइए।

6. इस फ़िल्म में कई दोस्तियाँ हैं। किसी एक के बारे में अपनी राय बताइए।

7. इस में कई तत्वों के बारे में बताया गया है, जैसे कि डर, प्रेम, नौकरी, माता-पिता, कर्तव्य, विवाह, आदि। किसी एक तत्त्व के बारे में बताइए।

Discussion Questionnaire on the film *दंगल* (2016)

1. इस फ़िल्म में आपका मनपसंद पात्र कौन था और क्यों?

2. आपको कौन सा दृश्य सबसे अच्छा लगा और क्यों?

3. आप इस फ़िल्म के बारे में क्या सोचते हैं? अन्य बॉलीवुड फ़िल्मों के मुक़ाबले में यह कैसी है?

4. You have heard many idioms in the film. Some of them are explained below. Use any three in sentences.

- डूबते को तिनके का सहारा: Literal: "Even a twig may be of support to someone who is drowning." Figurative: a sort of silver lining
- हाथ पीले करना: Literal: to "make one's hands yellow." Figurative: to get married, but only applies to females.
- पुर्ज़े फ़िट करना: Literal: to "fix the parts." Figurative: to teach someone a lesson

- नींद हराम करना: Literal: to "take away the sleep." Figurative: to make someone sleepless/restless
- धूल चटवाना: Literal: to "have someone taste dust." Figurative: to have someone bite the dust
- लक्ष्मण रेखा: Literal: a reference to Laxman in the epic *Ramayan* where he draws a line that should not be crossed or else things will go wrong. Figurative: a line that is meant not to be crossed
- जितने मुँह उतनी बातें: Literal: "As many mouths, that many things that will be said." Figurative: People will always talk/it is difficult to please everyone.

APPENDIX 4

Numbers in Hindi (संख्याएँ):

1: १ एक	11: ११ ग्यारह	21: २१ इक्कीस	31: ३१ इकत्तीस	41: ४१ इकतालीस
2: २ दो	12: १२ बारह	22: २२ बाईस	32: ३२ बत्तीस	42: ४२ बयालीस
3: ३ तीन	13: १३ तेरह	23: २३ तेईस	33: ३३ तैंतीस	43: ४३ तैंतालीस
4: ४ चार	14: १४ चौदह	24: २४ चौबीस	34: ३४ चौंतीस	44: ४४ चवालीस
5: ५ पाँच	15: १५ पंद्रह	25: २५ पच्चीस	35: ३५ पैंतीस	45: ४५ पैंतालीस
6: ६ छह	16: १६ सोलह	26: २६ छब्बीस	36: ३६ छत्तीस	46: ४६ छियालीस
7: ७ सात	17: १७ सत्रह	27: २७ सत्ताईस	37: ३७ सैंतीस	47: ४७ सैंतालीस
8: ८ आठ	18: १८ अठारह	28: २८ अट्ठाईस	38: ३८ अड़तीस	48: ४८ अड़तालीस
9: ९ नौ	19: १९ उन्नीस	29: २९ उनतीस	39: ३९ उनतालीस	49: ४९ उनचास
10: १० दस	20: २० बीस	30: ३० तीस	40: ४० चालीस	50: ५० पचास
51: ५१ इक्यावन	61: ६१ इकसठ	71: ७१ इकहत्तर	81: ८१ इक्यासी	91: ९१ इक्यानवे
52: ५२ बावन	62: ६२ बासठ	72: ७२ बहत्तर	82: ८२ बयासी	92: ९२ बानवे
53: ५३ तिरपन	63: ६३ तिरसठ	73: ७३ तिहत्तर	83: ८३ तिरासी	93: ९३ तिरानवे
54: ५४ चौवन	64: ६४ चौंसठ	74: ७४ चौहत्तर	84: ८४ चौरासी	94: ९४ चौरानवे
55: ५५ पचपन	65: ६५ पैंसठ	75: ७५ पचहत्तर	85: ८५ पचासी	95: ९६ पचानवे
56: ५६ छप्पन	66: ६६ छियासठ	76: ७६ छिहत्तर	86: ८६ छियासी	96: ९६ छियानवे
57: ५७ सत्तावन	67: ६७ सरसठ	77: ७७ सतहत्तर	87: ८७ सत्तासी	97: ९७ सत्तानवे
58: ५८ अट्ठावन	68: ६८ अड़सठ	78: ७८ अठहत्तर	88: ८८ अट्ठासी	98: ९८ अट्ठानवे
59: ५९ उनसठ	69: ६९ उनहत्तर	79: ७९ उन्यासी	89: ८९ नवासी	99: ९९ निन्यानवे
60: ६० साठ	70: ७० सत्तर	80: ८० अस्सी	90: ९० नब्बे	100: १०० सौ

अभ्यासः

खाली जगह भरिएः

20_____

25_____

30_____

35_____

40_____

45_____

50_____

55_____

60_____

65_____

70_____

75_____

80_____

85_____

90_____

95_____

100_____

अनुवाद कीजिएः

India received its independence (आज़ादी (f.), स्वतंत्रताi (f.)) in 1948.

____

My birthday is on June 21.

____

I am 25 years old.

____

Today the temperature (तापमान (m.) is 24 degree Celsius.

____

It is 8:45.

____

That table weighs (वजन (m.)) 17 kilogram.

____

My height (कद (m.) or लंबाई (f.)) is 100 centimeters.

____

About the Author

Sonia Taneja has been teaching Hindi in the United States since 1996. She has taught as a Hindi lecturer at Columbia University in New York and UC Berkeley in California. She has been an Assistant Professor of Hindi at the Defense Language Institute (DLI), US Department of Defense. Now she teaches as a Hindi lecturer at Stanford University in California. She teaches American, Indian-American, undergraduate and graduate students.

She has prepared several city, state and federal level Hindi exams in the United States. Few years ago, she worked on a team to prepare the Hindi certification exam for the State of California to qualify teachers of Hindi for K-12 teaching in California Public Schools. She has also worked on various Hindi localization projects for the iPhone, Siri and iTunes in the Silicon Valley.

In 2012, she published a textbook (*Practice Makes Perfect: Basic Hindi*, McGraw Hill) geared toward new learners of Hindi (see Amazon.com). She has also published many articles in India and the United States. She can be reached at sonia7taneja@gmail.com.